GEORGES
BATAILLE

Teoria da religião
SEGUIDA DE
Esquema de uma história das religiões

Outros livros da FILŌ

FILŌ

A alma e as formas
Georg Lukács

**A aventura da
filosofia francesa no século XX**
Alain Badiou

A ideologia e a utopia
Paul Ricœur

**O primado da percepção
e suas consequências filosóficas**
Maurice Merleau-Ponty

Relatar a si mesmo
Crítica da violência ética
Judith Butler

A sabedoria trágica
Sobre o bom uso de Nietzsche
Michel Onfray

Se Parmênides
O tratado anônimo De Melisso
Xenophane Gorgia
Barbara Cassin

**A teoria dos incorporais
no estoicismo antigo**
Émile Bréhier

FILŌAGAMBEN

Bartleby, ou da contingência
Giorgio Agamben

A comunidade que vem
Giorgio Agamben

O homem sem conteúdo
Giorgio Agamben

Ideia da prosa
Giorgio Agamben

Introdução a Giorgio Agamben
Uma arqueologia da potência
Edgardo Castro

Meios sem fim
Notas sobre a política
Giorgio Agamben

Nudez
Giorgio Agamben

A potência do pensamento
Ensaios e conferências
Giorgio Agamben

FILŌBATAILLE

O erotismo
Georges Bataille

A literatura e o mal
Georges Bataille

A parte Maldita
Georges Bataille

FILŌBENJAMIN

O anjo da história
Walter Benjamin

**Baudelaire e a
modernidade**
Walter Benjamin

Imagens de pensamento
Sobre o haxixe e
outras drogas
Walter Benjamin

**Origem do drama trágico
alemão**
Walter Benjamin

Rua de mão única
Infância berlinense: 1900
Walter Benjamin

FILŌESPINOSA

**Breve tratado de Deus,
do homem e do seu
bem-estar**
Espinosa

Ética
Espinosa

**Princípios da filosofia
cartesiana e Pensamentos
metafísicos**
Espinosa

**A unidade do corpo
e da mente**
Afetos, ações e paixões em
Espinosa
Chantal Jaquet

FILŌESTÉTICA

O belo autônomo
Textos clássicos de estética
Rodrigo Duarte (org.)

**O descredenciamento
filosófico da arte**
Arthur C. Danto

Do sublime ao trágico
Friedrich Schiller

Íon
Platão

Pensar a imagem
Emmanuel Alloa (Org.)

FILŌMARGENS

O amor impiedoso
(ou: Sobre a crença)
Slavoj Žižek

**Estilo e verdade em
Jacques Lacan**
Gilson Iannini

Introdução a Foucault
Edgardo Castro

Kafka
Por uma literatura menor
Gilles Deleuze, Félix Guattari

Lacan, o escrito, a imagem
*Jacques Aubert, François Cheng,
Jean-Claude Milner, François
Regnault, Gérard Wajcman*

O sofrimento de Deus
Inversões do Apocalipse
Boris Gunjević, Slavoj Žižek

ANTIFILŌ

A Razão
Pascal Quignard

FILŌBATAILLE   **autêntica**

GEORGES
BATAILLE

Teoria da religião
SEGUIDA DE
Esquema de uma história das religiões

1ª reimpressão

ESTABELECIMENTO DO TEXTO E NOTAS
Thadée Klossowski

TRADUÇÃO Fernando Scheibe

Copyright © Éditions Gallimard, 1973
Copyright para "Esquema de uma história das religiões", retirado de *Conférences (1947-1948) in Œuvres complètes VII* © Éditions Gallimard, 1976
Copyright © 2015 Autêntica Editora

Títulos originais: *Théorie de la religion*
　　　　　　　　Schéma d'une histoire des religions

Todos os direitos reservados pela Autêntica Editora. Nenhuma parte desta publicação poderá ser reproduzida, seja por meios mecânicos, eletrônicos, seja via cópia xerográfica, sem a autorização prévia da Editora.

COORDENADOR DA COLEÇÃO FILÔ
Gilson Iannini

CONSELHO EDITORIAL
Gilson Iannini (UFOP); *Barbara Cassin* (Paris); *Carla Rodrigues* ((UFRJ); *Cláudio Oliveira* (UFF); *Danilo Marcondes* (PUC-Rio); *Ernani Chaves* (UFPA); *Guilherme Castelo Branco* (UFRJ); *João Carlos Salles* (UFBA); *Monique David-Ménard* (Paris); *Olímpio Pimenta* (UFOP); *Pedro Süssekind* (UFF); *Rogério Lopes* (UFMG); *Rodrigo Duarte* (UFMG); *Romero Alves Freitas* (UFOP); *Slavoj Žižek* (Liubliana); *Vladimir Safatle* (USP)

EDITORA RESPONSÁVEL
Rejane Dias

EDITORA ASSISTENTE
Cecília Martins

PROJETO GRÁFICO
Diogo Droschi

REVISÃO
Aline Sobreira

CAPA
Alberto Bittencourt
(sobre ilustração Beatus *de Facundus*
<https://goo.gl/hcXCTx>)

DIAGRAMAÇÃO
Guilherme Fagundes

Dados Internacionais de Catalogação na Publicação (CIP)
(Câmara Brasileira do Livro, SP, Brasil)

Bataille, Georges, 1897-1962.
　Teoria da religião : seguida de Esquema de uma história das religiões / Georges Bataille ; tradução Fernando Scheibe. -- 1. ed. ; 1. reimp. -- Belo Horizonte : Autêntica Editora, 2016.

　Títulos originais: Théorie de la religion
　　　　　　　　　 Schéma d'une histoire des religions
　ISBN 978-85-8217-578-1

　1. Antropologia filosófica 2. Religião - Filosofia I. Título.

14-13034　　　　　　　　　　　　　　　　　　　　　CDD-210.1

Índices para catálogo sistemático:
1. Religião : Filosofia 210.1

Belo Horizonte
Rua Carlos Turner, 420
Silveira . 31140-520
Belo Horizonte . MG
Tel.: (55 31) 3465-4500

Rio de Janeiro
Rua Debret, 23, sala 401
Centro . 20030-080
Rio de Janeiro . RJ
Tel.: (55 21) 3179 1975

São Paulo
Av. Paulista, 2.073,
Conjunto Nacional, Horsa I
23º andar . Conj. 2301 .
Cerqueira César . 01311-940
São Paulo . SP
Tel.: (55 11) 3034 4468

www.grupoautentica.com.br

7. *Nota do tradutor*

Teoria da religião

11. *Nota do editor francês*
17. Onde este livro está situado
19. Introdução

I. Os dados fundamentais
23. A animalidade
29. A humanidade e a elaboração do mundo profano
39. O sacrifício, a festa e os princípios do mundo sagrado

II. A religião nos limites da razão
53. A ordem militar
55. O dualismo e a moral
61. A mediação
65. O crescimento industrial

75. **Para quem...**

81. **Quadro geral e referências**

91. **Notas**

Esquema de uma história das religiões

101. *Nota do editor francês*
105. Texto da conferência e da discussão

Nota do tradutor

Teoria da religião não foi publicado em vida por Georges Bataille. Redigido em 1948, pouco depois de livros como *A experiência interior, O culpado* e *Sobre Nietzsche* e no momento em que elaborava *A parte maldita, Teoria da religião* chegou a fazer parte de alguns planos de Bataille para *A suma ateológica*, que englobava os três primeiros livros citados. Como deixam claro a epígrafe e o comentário, ao final do livro, sobre a *Introdução à leitura de Hegel* de Alexandre Kojève, trata-se de um dos textos mais hegelianos (ou kojevianos) de Bataille. Ainda assim... nessa dublagem, abre-se uma distância infinita: entre a *consciência de si* como saber absoluto ou como mergulho na *intimidade,* na *imanência,* na *noite do não-saber;* entre o mestre-senhor-amo adulto hegeliano e a *soberana criança* bataillana.

A presente tradução foi feita com base no tomo VII das obras completas de Bataille, estabelecido e anotado por Thadée Klossowski, e inclui as notas do editor francês, apontando variantes do texto encontradas nos manuscritos de Georges Bataille. Uma vez "terminada", cotejei-a parágrafo por parágrafo com a tradução brasileira já existente (*Teoria da Religião.* Tradução de Sergio Goes de Paula e Viviane de Lamare. Revisão de Eliane Robert Moraes. São Paulo: Ática, 1993). Não hesitei ("os tijolos vizinhos, num livro, não devem ser menos visíveis que o novo tijolo que o livro é") em me apropriar das soluções que ali encontrei e que me pareceram melhores que as "minhas". Mas, como o leitor que se der ao trabalho de compará-los poderá constatar, o "novo tijolo" é um bocado diferente de seu vizinho.

Incrementa ainda esta edição a conferência *Esquema de uma história das religiões,* proferida por Bataille em fevereiro de 1948 e que serviu de embrião ao livro. Texto gentilmente cedido pela editora Gallimard.

Teoria da religião

Nota do editor francês

Publicado em fevereiro de 1974 pela Gallimard (Coleção "Idées").

Redigido a partir da conferência Esquema de uma história das religiões *(proferida no Collège Philosophique em fevereiro de 1948, Cf. O.C. t.VII, p. 406-442) entre março e maio de 1948, este texto estava destinado à coleção "Miroir" [Espelho] das Edições "Au masque d'Or" (Angers).*

Em 3 de maio de 1948, Bataille escrevia para o editor: "Eis aqui finalmente o manuscrito anunciado. Falta um quadro e devo acrescentar algumas linhas (uma ou duas páginas) no final para marcar o sentido dessa teoria, que recorda o princípio da psicanálise que quer que a consciência só tenha efeito na medida em que é experiência. É esta a ligação deste livro com a coleção,[1] mas é uma ligação que é o oposto de um compromisso: é para mim um dado fundamental."

Na contracapa de um ensaio publicado na referida coleção em dezembro de 1948, Teoria da religião *é anunciado como a ser publicado. Mas o editor nunca recebeu as páginas nem o quadro prometido, que também não se encontram nos papéis de Bataille. Pode-se pensar que Bataille se desinteressou por seu livro,* Teoria da Religião *reaparece, no entanto, citado várias vezes nos planos para a* Suma ateológica *(cf. O.C., t. VI, p. 360-374), e especialmente:*

– *No* Post-scriptum 1953: "A obra geral [sobre os *efeitos do não-saber*] em que trabalho agora retomará os temas que desenvolvi ao longo de vários anos numa série coerente de conferências no Collège Philosophique

---

[1] "A coleção 'Miroir' tem por finalidade reunir textos filosóficos e literários que apresentem uma originalidade bastante rara: a de serem o fruto de uma experiência." *A frase sobre a psicanálise remete ao artigo* Visão de conjunto *publicado em* Critique 24, *maio de 1948.*

[sob o título *Morrer de rir e rir de morrer*]." *Lê-se no cabeçalho da cópia de* Teoria da religião *conservada por Bataille:* "Título do livro: *Morrer de rir e rir de morrer*".

– *Na reedição de* A experiência interior *(1954),* Morrer de rir... *se torna* O sistema inacabado do não-saber, *anunciado como tomo V da Suma (tomo IV:* A pura felicidade). *Ali encontramos este plano (seguido de uma nova redação de* A animalidade) *em que* Teoria da religião *é associado às conferências do* Collège Philosophique *sobre o* não-saber:

[*Caixa 18, A: 97*]

A (Teoria da Religião)

B (O não-saber)

   O não-saber

   O ensinamento da morte, *a*

   O ensinamento da morte, *b*

   O não-saber e a revolta

   Não-saber, riso e lágrimas

   O êxtase e a angústia?)

(Essas conferências (1951-1953) estão no t. VIII das O.C., *p. 190-233.)*

– *Finalmente, em 1960-1961,* O sistema inacabado do não-saber *parece ter sido absorvido por* A pura felicidade, *t. IV da Suma, e, para o t. V,* Teoria da religião, *encontra-se o plano seguinte (tentativa de calibragem):*

[*Caixa II, C: I*]

Texto contínuo – explicação da religião (citar Levin, Americ. Anthrop.)[2]

50 A religião pré-histórica [*Critique* 147-148, ago./set. 1959]

46 O paradoxo da morte e da pirâmide ["Critique" 74, jul. 1953]

37 O equívoco da cultura [*Comprendre* 16, set. 1956]

19 Da relação entre o Divino e o Mal ["Critique" 10, mar. 1947]

45 A vitória militar e a bancarrota da moral que maldiz [*Critique* 40, set. 1949]

40 A moral cavalheiresca e a paixão [*Critique* 38, jul. 1949]

30 O sentido moral da sociologia [*Critique* 1, jun. 1946]

24 A guerra e a filosofia do sagrado [*Critique* 45, fev. 1951]

25 A embriaguez das tavernas e a religião [*Critique* 25, jun. 1948]

120 Teoria da religião

---

[2] *M. H. Levine publicou no* American Anthropologist *(v. 59, n. 1, fev. 1957) uma resenha de* Lascaux ou o nascimento da arte, *resenha de que se encontra uma cópia depois deste plano* [Caixa 11, C: II]

436 + texto contínuo

(*Todos esses artigos estão publicados nos tomos XI e XII das* Obras Completas.)
A propósito dessa inserção de Teoria da religião *na* Suma ateológica, *lembremos que a* Suma *foi começada quando do fracasso de uma "monstruosa intenção": fundar uma religião (Cf.* O.C., *t. VI, p. 373,* Advertência *ao* Culpado, *1960-1961); que a ateologia é uma religião ("não se trata de fundação de uma religião... mas nem todas as religiões foram fundadas" – cf.* O.C., *t.VIII, p. 229,* Não-saber, riso e lágrimas, *conferência de 9 de fevereiro de 1953); enfim, que a* Suma, *"na medida em que não escapa de toda e qualquer classificação", se inscreve na história das religiões (Cf.* O.C., *t. VI, p. 374,* Advertência *ao* Culpado, *1960-1961).*

Referimo-nos nestas notas a:

Esquema [*Caixa 12, E: 23-26 = primeiras páginas da transcrição de* Esquema de uma história das religiões, *anotadas e corrigidas com vistas a A.*

A [*Caixa 11, D: 1-128] = o manuscrito;*

B [Caixa 12, G: 4-100] = *(1948-1953?) cópia datilografada e corrigida de A e acréscimos manuscritos (nosso texto);*

C [*Caixa 18, A: 98-113] = (1953) nova redação, inacabada, de* A animalidade, *para* O sistema inacabado do não-saber.

É o Desejo que transforma o Ser revelado a si mesmo por si mesmo no conhecimento (verdadeiro) em um "objeto" revelado a um "sujeito" por um sujeito diferente do objeto e "oposto" a ele. É no e pelo, ou, melhor ainda, enquanto "seu" Desejo que o homem se constitui e se revela – a si mesmo e aos outros – como um Eu, como o Eu essencialmente diferente do, e radicalmente oposto ao, não-Eu. O Eu (humano) é o Eu de um – ou do – Desejo.

O próprio Ser do homem, o ser consciente de si, implica, portanto, e pressupõe o Desejo. Por conseguinte, a realidade humana só pode se constituir e se manter no interior de uma realidade biológica, de uma vida animal. Mas, se o Desejo animal é a condição necessária da Consciência de si, ele não é sua condição suficiente. Por si só, esse desejo não constitui mais que o Sentimento de si.

Ao contrário do conhecimento que mantém o homem numa quietude passiva, o Desejo o torna in-quieto e o impele à ação. Tendo nascido do Desejo, a ação tende a satisfazê-lo, e só pode fazê-lo pela "negação", pela destruição ou, no mínimo, pela transformação do objeto desejado: para satisfazer a fome, por exemplo, é preciso destruir ou transformar o alimento. Assim, toda ação é "negadora".

Alexandre Kojève
Introdução à leitura de Hegel

Onde este livro está situado

O fundamento de um pensamento é o pensamento de um outro, o pensamento é o tijolo cimentado em um muro. É um simulacro de pens amento se, no retorno que faz sobre si mesmo, o ser que pensa vê um tijolo livre e não o preço que lhe custa essa aparência de liberdade: ele não vê os terrenos baldios e os amontoados de detritos a que uma vaidade suscetível o abandona com seu tijolo.

O trabalho do pedreiro, que compõe, é o mais necessário. Assim, os tijolos vizinhos, num livro, não devem ser menos visíveis que o novo tijolo que o livro é. O que é proposto ao leitor, de fato, não pode ser um elemento, mas o conjunto em que ele se insere: é toda a composição e o edifício humanos que não podem ser apenas amontoamento de cacos, mas consciência de si.

Em certo sentido, a composição ilimitada é o impossível. É preciso coragem e obstinação para não perder o fôlego. Tudo leva a largar a presa que é o movimento aberto e impessoal do pensamento pela sombra da opinião isolada.[1] É claro que a opinião isolada é também o meio mais rápido de revelar aquilo que a composição é profundamente: o impossível. Mas ela só tem esse sentido profundo sob a condição de não ser consciente dele.

Essa impotência define um ápice da possibilidade ou, ao menos, a consciência da impossibilidade abre a consciência a tudo aquilo que lhe é possível refletir. Nesse lugar de ajuntamento, onde a violência impera, no limite do que escapa da coesão, aquele que reflete na coesão percebe que não há mais lugar para ele.

Introdução

Esta "teoria da religião" esboça aquilo que seria um trabalho terminado: tentei exprimir um pensamento *móvel*, sem buscar seu estado definitivo.[2]

Uma filosofia é uma soma coerente ou não é nada, mas ela exprime o indivíduo, não a indissolúvel humanidade. Consequentemente, ela deve manter uma abertura aos desenvolvimentos que se seguirão, no pensamento humano... em que aqueles que pensam, na medida em que rejeitam sua alteridade, aquilo que não são, já estão afogados no universal esquecimento. Uma filosofia é sempre um canteiro de obras, nunca uma casa. Mas seu inacabamento não é o mesmo da ciência. A ciência elabora uma multidão de partes acabadas e só o seu conjunto apresenta vazios. Ao passo que, no esforço de coesão, o inacabamento não se limita às lacunas do pensamento: é em todos os pontos, em cada ponto, a impossibilidade do estado último.

Esse princípio de impossibilidade não é a desculpa para inegáveis insuficiências, ele limita toda filosofia real. O cientista é aquele que *aceita* esperar. O próprio filósofo espera, mas, de direito, não pode fazê-lo. A filosofia responde desde o início a uma exigência indecomponível. Ninguém pode "ser" independentemente de uma resposta à questão que ela coloca. Assim, a resposta do filósofo está necessariamente dada antes da elaboração de uma filosofia e, se ela muda na elaboração, por vezes mesmo em razão dos resultados, *ela não pode de direito estar subordinada a eles*. A resposta da filosofia não pode ser um efeito dos trabalhos filosóficos e, se pode não ser arbitrária, isso supõe, dados desde o início, o desprezo pela posição individual e a extrema mobilidade do pensamento aberto a todos os movimentos anteriores ou *posteriores;* e, ligados desde o início à resposta, melhor, consubstanciais à resposta, a insatisfação e o inacabamento do pensamento.

É então um ato de consciência não buscar um estado definitivo que nunca será dado, mas sem por isso deixar de levar a elucidação ao limite das possibilidades imediatas. Decerto, é necessário elevar um pensamento, que se move em domínios já conhecidos, ao nível dos conhecimentos elaborados. E, de qualquer modo, a própria resposta *de fato* só tem sentido sendo aquela de um homem intelectualmente desenvolvido. Mas se a segunda condição deve ser de antemão preenchida, ninguém pode responder à primeira senão aproximativamente: a menos que se limite, à maneira dos cientistas, o deslocamento do pensamento a domínios restritos, ninguém pode assimilar os conhecimentos adquiridos. Isso acrescenta ao inacabamento essencial do pensamento um inacabamento de fato inevitável. Assim sendo, o rigor exige que essas condições sejam explicitamente reconhecidas.

Esses princípios estão muito afastados de uma maneira de filosofar acolhida hoje, senão pelo assentimento, ao menos pela curiosidade do público.[3] Opõem-se mesmo, com força, à insistência moderna que se apega ao indivíduo e ao isolamento do indivíduo. Não pode haver pensamento do indivíduo, e o exercício do pensamento só pode ter como resultado a negação das perspectivas individuais. À própria ideia de filosofia liga-se um problema primordial: como sair da situação humana? Como deslizar de uma reflexão subordinada à ação necessária, condenada à distinção útil, para a consciência de si como do ser sem essência – mas consciente?

O inevitável inacabamento não retarda em medida alguma a resposta que é um movimento – ainda que ele seja, em certo sentido, ausência de resposta. Ao contrário, ele lhe confere a verdade de grito do impossível. O paradoxo fundamental desta "teoria da religião", que faz do indivíduo a "coisa" e a negação da intimidade, decerto evidencia uma impotência, mas o grito dessa impotência preludia o mais profundo silêncio.[4]

I. Os dados fundamentais

A animalidade

§ 1. A imanência do animal que come e do animal comido

Considero a animalidade de um ponto de vista restrito, que me parece discutível, mas cujo sentido aparecerá na sequência do desenvolvimento. Desse ponto de vista, a animalidade é a imediatez ou a imanência.

A imanência do animal em relação a seu meio é dada numa situação precisa, cuja importância é fundamental. Não falarei dela a todo o momento, mas não poderei perdê-la de vista; o próprio fim de meus enunciados voltará a esse ponto de partida: *essa situação é dada quando um animal come outro.*

O que é dado quando um animal come outro é sempre o *semelhante* daquele que come: é nesse sentido que falo de imanência.

Não se trata de um *semelhante* conhecido como tal, mas não há transcendência do animal que come ao animal comido: há decerto uma diferença, mas esse animal que come o outro não pode se opor a ele na afirmação dessa diferença.

Animais de uma determinada espécie não comem uns aos outros... É verdade, mas isso não importa se o falcão que come a galinha não a distingue claramente de si mesmo da mesma forma que distinguimos de nós mesmos um objeto. A distinção exige uma *posição* do objeto como tal. Não existe diferença *apreensível* se o objeto não foi posto. O animal que outro animal come ainda não está dado como objeto. Não há, do animal comido àquele que come, uma relação de *subordinação* como aquela que liga um objeto, uma coisa, ao homem que, ele, se recusa a ser considerado como uma coisa. Nada é dado para o animal na extensão do tempo. É na medida em que somos *humanos* que o objeto existe no tempo em que sua duração é apreensível. O animal comido por outro é dado, ao contrário, aquém da duração, ele é consumido, ele é destruído, não é mais que um desaparecimento num mundo onde nada está posto fora do tempo atual.

Nada há na vida animal que introduza a relação do senhor com aquele que ele comanda, nada que possa estabelecer de um lado a autonomia e do outro a dependência. Os animais, já que se comem uns aos outros, são de força desigual, mas nunca há entre eles mais que essa diferença quantitativa. O leão não é o rei dos animais: ele é apenas, no movimento das águas, uma onda mais alta que derruba as outras, mais fracas.

O fato de um animal comer outro em nada modifica uma situação fundamental: todo animal está *no mundo como a água no interior da água*. Há, é verdade, na situação animal, o elemento da situação humana. A rigor, o animal pode ser visto como um sujeito para o qual o resto do mundo é objeto, mas nunca lhe é dada a possibilidade de ver a si mesmo assim. Elementos dessa situação podem ser apreendidos pela inteligência humana, mas o animal não pode *realizá-los*.[5]

§ 2. Dependência e independência do animal

É verdade que o animal, como a planta, não tem autonomia em relação ao resto do mundo. Um átomo de azoto, de ouro ou uma molécula de água existem sem que nada do que os circunda lhes seja necessário, permanecem no estado de perfeita imanência: nunca uma necessidade e, de modo mais geral, nunca nada importa na relação imanente de um átomo com outro ou com outros. A imanência de um organismo vivo no mundo é muito diferente: um organismo busca ao seu redor (fora de si) elementos que lhe sejam imanentes e com os quais deve estabelecer (relativamente estabilizar) relações de imanência. Ele já não está exatamente como a água na água. Ou, querendo, ele só está assim sob a condição de se *alimentar*. Senão, sofre e morre: o fluir (a imanência) do fora para o dentro, do dentro para o fora, que é a vida orgânica, só dura sob certas condições.

Um organismo, por outro lado, está separado dos processos que lhe são similares, cada organismo está separado dos outros organismos:

nesse sentido, a vida orgânica, ao mesmo tempo que acentua a relação com o mundo, retira do mundo, isola a planta ou o animal que podem, teoricamente, se a relação fundamental da alimentação é deixada de fora, ser considerados como mundos autônomos.[6]

§ 3. A mentira poética da animalidade

Nada, para dizer a verdade, está mais fechado para nós que essa vida animal de que saímos. Nada é mais estranho a nossa maneira de pensar do que a Terra no seio do universo silencioso, não tendo nem o sentido que o homem dá às coisas, nem o não-sentido das coisas no momento em que tentamos imaginá-las sem uma consciência que as reflita. Na verdade, é só arbitrariamente que podemos figurar as coisas sem a consciência, já que *nós, figurar-se*, implicam a consciência, nossa consciência, aderindo de maneira indelével à presença delas. Podemos decerto nos dizer que essa adesão é frágil, na medida em que cessaremos de *estar aí*, mesmo, um dia, definitivamente. Mas a aparição de uma coisa nunca é concebível senão numa consciência que substitua a minha, se a minha tiver desaparecido. Esta é uma verdade grosseira, mas a vida animal, a meio caminho de *nossa* consciência, nos propõe um enigma bem mais embaraçoso. Se representamos o universo sem o homem, o universo onde o olhar do animal seria o único a se abrir diante das coisas, o animal não sendo nem uma coisa, nem um homem, só podemos suscitar uma visão em que não vemos *nada*, já que o objeto dessa visão é um deslizamento que vai das coisas, que não têm sentido se estão sozinhas, ao mundo pleno de sentido implicado pelo homem que dá a cada coisa o seu.[7] É por isso que não podemos descrever tal objeto de maneira precisa. Ou antes, a maneira correta de falar dele não pode ser *abertamente* senão poética, visto que a poesia não descreve nada que não deslize para o incognoscível. Na medida em que podemos falar ficticiamente do passado como de um presente, falamos ao final de animais pré-históricos, assim como de plantas, de pedras e de águas, *como de* coisas, mas descrever uma paisagem ligada a essas condições é uma grande tolice, a menos que seja um salto poético. Não houve paisagem num mundo onde os olhos que se abriam não apreendiam aquilo que olhavam, onde, verdadeiramente, para nossa medida, os olhos não viam. E se, agora, na desordem de meu espírito, *bestamente* contemplando essa ausência de visão, pego-me dizendo:

"Não havia visão, nem nada – nada além de uma embriaguez vazia a que o terror, o sofrimento e a morte, que a limitavam, davam uma espécie de espessura...", não faço mais que abusar de um poder poético, substituindo o nada da ignorância por uma fulguração indistinta. Sei: o espírito não poderia prescindir de uma fulguração das palavras que lhe dá uma auréola fascinante: é sua riqueza, sua glória, e é um signo de soberania. Mas essa poesia é apenas uma via pela qual um homem vai de um mundo cujo sentido é pleno à deslocação final dos sentidos, de todo sentido, que logo se revela inevitável. Só há uma diferença entre a absurdez das coisas consideradas sem o olhar do homem e aquela das coisas entre as quais o animal está presente: é que a primeira nos propõe de início a aparente redução das ciências exatas, ao passo que a segunda nos abandona à tentação pegajosa da poesia, pois o animal, não sendo simplesmente coisa, não é para nós fechado e impenetrável. O animal abre diante de mim uma profundidade que me atrai e que me é familiar. Essa profundidade, em certo sentido, eu a conheço: é a minha. Ela é também aquilo que mais longinquamente se furta a mim, aquilo que merece esse nome de profundidade que quer dizer precisamente *aquilo que me escapa*. Mas é também a poesia... Na medida em que *também* posso ver no animal uma coisa (se o como – à minha maneira, que não é aquela de outro animal – ou se o escravizo ou trato como objeto de ciência), sua absurdez não é menos curta (se preferirmos, menos próxima) que aquela das pedras ou do ar, mas ele nem sempre é, e nunca o é totalmente, redutível a essa espécie de realidade inferior que atribuímos às coisas. Não sei o que de suave, de secreto e de doloroso prolonga nessas trevas animais a intimidade da luminosidade que vela em nós. Tudo o que, no fim das contas, posso sustentar é que tal visão, que me mergulha na noite e me deslumbra, me aproxima do momento em que, não duvidarei mais disto, a distinta claridade da consciência me afastará o máximo, finalmente, dessa verdade incognoscível que, de mim mesmo ao mundo, aparece diante de mim para se esquivar.

§ 4. O animal está no mundo como a água na água

Falarei desse incognoscível mais tarde. Por enquanto, eu devia separar do deslumbramento da poesia aquilo que, no plano da experiência, aparece distinta e claramente.

Pude dizer que o mundo animal é aquele da imanência e da imediatez: é que esse mundo, que nos é fechado, o é na medida em que não podemos discernir nele um poder de se transcender. Semelhante verdade é negativa, e, decerto, não poderemos estabelecê-la absolutamente. Podemos, pelo menos, imaginar no animal um embrião desse poder, mas não podemos discerni-lo com suficiente clareza. Se o estudo dessas disposições embrionárias pode ser feito, não se depreendem dele perspectivas que anulem a visão da animalidade imanente, que permanece inevitável *para nós*. É somente nos limites do humano que aparece a transcendência das coisas em relação à consciência (ou da consciência em relação às coisas). De fato, a transcendência não é nada se é embrionária, se não é constituída como o são os sólidos, ou seja, imutavelmente em certas condições dadas. Na verdade, somos incapazes de nos fundar sobre coagulações instáveis e devemos nos limitar a observar a animalidade, de fora, sob a luz da ausência de transcendência. Inevitavelmente, diante de nossos olhos, o animal está no mundo como a água na água.

O animal tem diferentes condutas de acordo com as diferentes situações. Essas condutas são os pontos de partida de distinções possíveis, mas a distinção exigiria a transcendência do objeto tornado distinto. A diversidade das condutas animais não estabelece uma distinção consciente entre as diferentes situações. Os animais que não comem um semelhante da mesma espécie não têm, contudo, o poder de reconhecê-lo como tal, de maneira que uma situação nova, em que a conduta normal não é ativada, pode bastar para remover um obstáculo sem que ele sequer tenha consciência de tê-lo removido. Não podemos dizer de um lobo que come outro que ele esteja *violando* a lei que afirma que, normalmente, *os lobos não comem uns aos outros*. Ele não viola essa lei, simplesmente ele se encontrou em circunstâncias nas quais ela não vigora mais. Apesar disso, há, para o lobo, continuidade entre o mundo e ele próprio. Diante dele se produzem aparições atraentes ou angustiantes; outras aparições não correspondem nem a indivíduos da mesma espécie, nem a alimentos, nem a nada de atraente ou repugnante; a partir de então aquilo de que se trata não tem sentido ou o tem como signo de outra coisa. Nada vem romper uma continuidade em que mesmo o medo nada anuncia que possa ser distinguido antes de estar morto. Mesmo a luta de rivalidade é ainda uma convulsão em que, das inevitáveis respostas aos estímulos, desprendem-se sombras inconsistentes. Se o animal que derrotou seu rival não apreende a morte do outro como o faz um homem que tem a conduta do triunfo, é porque seu rival não tinha rompido uma continuidade que sua morte não restabelece. Essa continuidade não estava posta em questão, mas a identidade dos desejos de dois seres os opôs em combate mortal. A apatia que o olhar do animal traduz após o combate é o signo de uma existência essencialmente igual ao mundo onde ela se move como água no seio das águas.

A humanidade e a elaboração do mundo profano

Por enquanto, não tentarei dar ao que precede uma base mais firme. Aquilo que precede implica a incursão da inteligência fora desse domínio do descontínuo que é, no mínimo, seu domínio privilegiado. Quero passar sem mais demora a este meio sólido em que acreditamos poder repousar.

§ 1. A posição do objeto: a ferramenta

A posição do objeto, que não é dada na animalidade, o é no emprego humano das ferramentas. Ao menos se as ferramentas, como meios-termos, são adaptadas ao resultado visado – se aqueles que as empregam as aperfeiçoam. É na medida em que as ferramentas são elaboradas com vistas à sua finalidade que a consciência as coloca como objetos, como interrupções na continuidade indistinta. A ferramenta elaborada é a forma nascente do não-eu.

A ferramenta introduz a exterioridade num mundo onde o sujeito *participa* dos elementos que ele distingue, onde ele *participa* do mundo e nele permanece "como água na água". O elemento de que o sujeito participa – o mundo, um animal, uma planta – não está subordinado a ele (da mesma forma, imediatamente, o sujeito não pode estar subordinado ao elemento de que participa). Mas a ferramenta está subordinada ao homem que a emprega, que pode modificá-la à vontade, com vistas a um resultado determinado.

A ferramenta não tem valor em si mesma – como o sujeito, ou o mundo, ou os elementos de mesmo sentido que o sujeito ou o mundo –, mas somente em relação a um resultado previsto. O tempo gasto em fabricá-la postula diretamente sua utilidade, sua subordinação àquele que a emprega visando um fim, sua subordinação a esse fim; postula ao mesmo tempo a distinção clara entre o fim e o meio e a postula no próprio plano que sua aparição definiu. Infelizmente, o fim é dado assim no plano do meio, no plano da utilidade. Está aí uma das mais notáveis, e mais prenhes de consequências, aberrações da linguagem. A finalidade do emprego de uma ferramenta tem sempre o mesmo sentido que o emprego da ferramenta: uma utilidade lhe é assinalada por sua vez – e assim por diante. O bastão cava o solo a fim de assegurar o crescimento de uma planta, a planta é cultivada para ser comida, ela é comida para manter a vida daquele que a cultiva... Só a absurdez de uma remissão infinita justifica a absurdez equivalente de um verdadeiro fim, que não serviria para nada. Aquilo que um "verdadeiro fim" reintroduz é o ser contínuo, perdido no mundo como a água está na água: senão, caso se tratasse de um ser tão claramente distinto quanto o é a ferramenta, seu sentido deveria ser buscado no plano da utilidade, no plano da ferramenta: não seria mais um "verdadeiro fim". Só um mundo onde os seres estão indistintamente perdidos é supérfluo, não serve para nada, não tem nada a fazer e não quer dizer nada: só ele tem um valor em si mesmo, não com vistas a alguma outra coisa, essa coisa para outra ainda e assim por diante.

O objeto, ao contrário, tem um sentido que rompe a continuidade indistinta, que se opõe à imanência ou ao fluxo de tudo aquilo que é – e que ele transcende. Ele é rigorosamente estranho ao sujeito, ao eu ainda afogado na imanência. Ele é a propriedade e a coisa do sujeito, mas nem por isso é menos impenetrável para ele.

O perfeito conhecimento – acabado, claro e distinto – que o sujeito tem do objeto é totalmente exterior, deriva da fabricação[i]: sei o que é o objeto que fiz, posso fazer outro semelhante; mas não poderia fazer um ser semelhante a mim como um relojoeiro faz um

---

[i] Como se vê, pus no mesmo plano a ferramenta e o objeto fabricado. É que a ferramenta é desde o princípio um objeto fabricado e, reciprocamente, um objeto fabricado é em certo sentido uma ferramenta. A única via que libera o objeto fabricado do servilismo da ferramenta é a arte, entendida como um verdadeiro fim. Mas a própria arte em princípio não impede o objeto que ela orna de servir para isso ou aquilo: uma casa, uma mesa, uma roupa, assim como um martelo, têm sua utilidade. Quão poucos objetos fabricados têm a virtude de se esquivar de toda e qualquer função empenhada no ciclo da atividade útil!

relógio (ou como um homem da Idade da Rena fazia uma lâmina de pedra cortante) e, na verdade, não sei o que é o ser que sou; ignoro, da mesma forma, o que é o mundo, não poderia produzir outro como este de modo algum.

Esse conhecimento exterior é talvez superficial, mas só ele tem o poder de diminuir a distância entre o homem e os objetos que esse conhecimento determina. Ele faz desses objetos, ainda que permaneçam fechados para nós, aquilo que nos é mais próximo e mais familiar.

§ 2. *Posição de elementos imanentes no plano dos objetos*

A posição do objeto clara e distintamente conhecido de fora define geralmente uma esfera dos objetos, um mundo, um plano em que é possível situar clara e distintamente, ao menos em aparência, aquilo que, em princípio, não pode ser conhecido do mesmo modo. Assim, tendo determinado coisas estáveis, simples e que é possível fazer, os homens determinaram no plano onde essas coisas apareceram, como se fossem comparáveis ao bastão, à pedra talhada, elementos que eram e permaneciam, apesar disso, na continuidade do mundo, como animais, plantas, outros homens e, finalmente, o próprio sujeito determinante. Isso quer dizer, em outros termos, que só passamos a nos conhecer distinta e claramente no dia em que nos percebemos de fora como um outro. E isso ainda sob a condição de que tenhamos primeiro distinguido o outro no plano onde as coisas fabricadas apareceram distintamente para nós.

Essa introdução de elementos de mesma natureza que o sujeito, ou do próprio sujeito, no plano dos objetos é sempre precária, incerta e desigualmente acabada. Mas essa precariedade relativa importa menos que a possibilidade decisiva de um ponto de vista a partir do qual os elementos imanentes são percebidos de fora como objetos. No final, percebemos cada aparição – sujeito (nós mesmos), animal, espírito, mundo – ao mesmo tempo de dentro e de fora, a uma só vez como continuidade, em relação a nós mesmos, e como objeto.[ii]

A linguagem define, de um plano ao outro, a categoria do sujeito-objeto, do sujeito objetivamente considerado, tanto quanto possível,

---

[ii] *Nós mesmos*: aquilo que a filosofia existencial nomeia, na esteira de Hegel, *para si*; o objeto é designado, no mesmo vocabulário, como *em si*.

clara e distintamente conhecido de fora. Mas uma objetividade dessa natureza, clara quanto à posição separada de um elemento, permanece confusa: esse elemento guarda a um só tempo os atributos de um sujeito e de um objeto. A transcendência da ferramenta e a faculdade criadora ligada a seu emprego são atribuídas, nessa confusão, ao animal, à planta, ao meteoro; são igualmente atribuídas à totalidade do mundo.[iii]

§ 3. Posição das coisas como sujeitos

Estabelecida essa primeira confusão, e definido um plano de sujeitos-objetos, a própria ferramenta pode, a rigor, ser situada nele. O objeto que a ferramenta é pode, ele próprio, ser considerado como um sujeito-objeto. Recebe a partir de então os atributos do sujeito e se coloca ao lado desses animais, dessas plantas, desses meteoros ou desses homens que a transcendência do objeto, que lhes foi atribuída, retira do *continuum*. Ele se torna contínuo em relação ao conjunto do mundo, mas permanece separado como foi no espírito daquele que o fabricou: no momento que lhe convém, um homem pode tomar esse objeto, uma flecha, por seu semelhante, sem por isso lhe retirar o poder de operar e a transcendência da flecha. No limite, um objeto assim transposto não difere na imaginação de quem o concebe daquilo que ele próprio é: essa flecha, a seus olhos, é capaz de agir, de pensar e falar como ele.[8]

§ 4. O Ser supremo

Se imaginamos agora homens que concebem o mundo sob a luz da existência contínua (em relação à sua intimidade, à sua profunda subjetividade), devemos perceber também a necessidade para eles de atribuir a esse mundo as virtudes de uma *coisa* "capaz de agir, de pensar

---

[iii] Essa última confusão é provavelmente a mais estranha. Se tento apreender aquilo que meu pensamento designa no momento em que toma o mundo por objeto, uma vez descartada a absurdez do mundo como objeto separado, como *coisa* análoga à ferramenta fabricada-fabricadora, esse mundo permanece em mim como essa continuidade do dentro ao fora, do fora ao dentro que tive finalmente que descobrir: não posso, de fato, atribuir à subjetividade o limite do eu ou *dos* eus humanos, não que eu possa percebê-la alhures, mas porque, não tendo podido limitá-la a mim mesmo, não posso limitá-la de modo algum.

e falar" (exatamente como fazem os homens). Nessa redução a uma *coisa*, o mundo ganha, de uma só vez, a forma da individualidade isolada e da potência criadora. Mas essa potência pessoalmente distinta tem ao mesmo tempo o caráter *divino* da existência apessoal, indistinta e imanente.

Em certo sentido, o mundo é ainda, de uma maneira fundamental, imanência sem limite claro (fluxo indistinto do ser no ser, penso na instável presença das águas no interior das águas). De tal forma que a posição, no interior do mundo, de um "Ser supremo", distinto e limitado como uma coisa, é de início um empobrecimento. Há decerto, na invenção de um "Ser supremo", vontade de definir um valor maior que qualquer outro. Mas esse desejo de aumentar tem por consequência uma diminuição. A personalidade objetiva do "Ser supremo" o situa no mundo *ao lado* de outros seres pessoais de mesma natureza, como ele próprio ao mesmo tempo sujeitos e objetos, mas de que ele é claramente distinto. Os homens, os animais, as plantas, os astros, os meteoros... se são a uma só vez coisas e seres íntimos, podem ser considerados *ao lado* de um "Ser supremo" desse gênero, que, como os outros, está no mundo, que é como os outros descontínuo. Não há entre eles igualdade última. Por definição, o "Ser supremo" tem a dignidade dominante. Mas todos são de mesma espécie, em que a imanência e a personalidade se misturam, todos podem ser *divinos* e dotados de uma potência operatória, todos podem falar a linguagem do homem. Assim, alinham-se essencialmente, apesar de tudo, em pé de igualdade.

Devo sublinhar esse caráter de empobrecimento e de limitação involuntários: hoje em dia, os cristãos não hesitam em reconhecer a consciência primordial do Deus em que creem nos diversos "Seres supremos" de que os "primitivos" guardaram alguma memória, mas essa consciência nascente não é uma eclosão, é, ao contrário e sem compensação, uma espécie de definhamento de um sentimento animal.

§ 5. O sagrado

Decerto, todos os povos conceberam esse "Ser supremo", mas a operação parece ter fracassado em toda parte. O "Ser supremo" dos homens primitivos aparentemente não teve um prestígio comparável àquele que obteria um dia o Deus dos judeus e, mais tarde, o dos cristãos. Como se a operação tivesse ocorrido num tempo em que o sentimento de continuidade era forte demais, como se a continuidade animal ou divina dos seres vivos e do mundo tivesse inicialmente parecido limitada, empobrecida por uma primeira e desastrada tentativa de redução a uma individualidade objetiva. Tudo indica que os primeiros homens estavam mais perto que nós do animal; talvez o distinguissem de si mesmos, mas não sem uma dúvida mesclada de terror e nostalgia. O sentimento de continuidade que devemos atribuir ao animal não se impunha mais sozinho ao espírito (a posição de objetos distintos era mesmo sua negação). Mas tinha extraído uma significação nova da oposição que essa continuidade apresentava em relação ao mundo das coisas. A continuidade, que para o animal não podia se distinguir de nada de outro, que era nele e para ele a única modalidade possível do ser, opôs no homem à pobreza da ferramenta profana (do objeto descontínuo) toda a fascinação do mundo sagrado.

O sentimento do sagrado evidentemente não é mais aquele do animal que a continuidade perdia em brumas em que nada era distinto. Em primeiro lugar, se é verdade que a confusão não cessou no mundo das brumas, estas opõem um conjunto opaco a um mundo claro. Esse conjunto aparece distintamente no limite daquilo que é claro: ele se distingue, ao menos, de fora, daquilo que é claro. Por outro lado, o animal aceitava a imanência que o submergia sem protesto aparente, ao passo que o homem, no sentimento do sagrado, experimenta uma espécie de horror impotente. Esse horror é ambíguo. Sem dúvida alguma, aquilo que é sagrado atrai e possui um valor incomparável, mas no mesmo instante parece vertiginosamente perigoso para esse mundo claro e profano onde a humanidade situa seu domínio privilegiado.

§ 6. Os espíritos e os deuses

A igualdade e a desigualdade dessas diversas existências, todas opostas às *coisas* que são os puros objetos, resolvem-se numa hierarquia de *espíritos*. Os homens e o "Ser supremo", mas também, numa representação primeira, animais, plantas, meteoros... são espíritos. Dá-se um deslizamento nessa posição: o "Ser supremo" é em certo sentido um puro espírito; da mesma forma, o espírito de um homem morto não depende de uma clara realidade material como aquele de um vivo; finalmente, o vínculo de um espírito de animal ou de planta, etc., com um animal ou uma planta individuais é muito vago: trata-se de um espírito mítico – independente das realidades dadas. Nessas condições, a hierarquia dos espíritos tende a se fundar numa distinção fundamental entre os espíritos que dependem de um corpo, como aqueles dos homens, e os espíritos autônomos do "Ser supremo", dos animais, dos mortos, etc., que tendem a formar um mundo homogêneo, um mundo mítico, no interior do qual, a maior parte do tempo, as diferenças hierárquicas são fracas. O "Ser supremo", o soberano dos deuses, o deus do céu, não passa em geral de um deus mais poderoso, mas de mesma natureza que os outros.

Os deuses são simplesmente espíritos míticos, sem substrato de realidade. É deus, é puramente *divino* (sagrado), o espírito que não está subordinado à realidade de um corpo mortal. Na medida em que ele próprio é espírito, o homem é divino (sagrado), mas não o é soberanamente, já que é real.

§ 7. Posição do mundo das coisas e do corpo como coisa

Na posição de uma coisa, de um objeto, de uma ferramenta, de um utensílio, ou naquela de um plano dos objetos (em que os diversos semelhantes do sujeito e o próprio sujeito assumem um valor objetivo), o mundo onde os homens se deslocam é ainda, de uma maneira fundamental, a continuidade a partir do sujeito. Mas o mundo irreal dos espíritos soberanos ou dos deuses coloca a realidade, que ele não é, como seu contrário. A realidade de um mundo profano, de um mundo de coisas e de corpos, é colocada em face de um mundo santo e mítico.

Nos limites da continuidade, tudo é espiritual, não há oposição entre o espírito e o corpo. Mas a posição de um mundo de espíritos míticos e o valor soberano que ele recebe estão naturalmente ligados à definição do corpo mortal como oposto ao espírito. A diferença entre o espírito e o corpo não é de modo algum a que existe entre a continuidade (a imanência) e o objeto. Na imanência primeira, não há diferença possível antes da posição da ferramenta fabricada. Da mesma forma, na posição do sujeito no plano dos objetos (do sujeito-objeto), o espírito ainda não é distinto do corpo. É somente a partir da representação mítica de espíritos autônomos que o corpo se encontra do lado das coisas, já que espíritos soberanos não têm corpo. O mundo real passa a ser um dejeto do nascimento do mundo divino: os animais e as plantas reais, separados de sua verdade espiritual, adquirem lentamente a objetividade vazia das ferramentas, o corpo humano mortal é assimilado pouco a pouco ao conjunto das coisas. Na medida em que é espírito, a realidade humana é santa, mas ela é profana na medida em que é real. Os animais, as plantas, as ferramentas e as outras coisas manejáveis formam com os corpos que os manejam um mundo real, submetido e atravessado por forças divinas, mas decaído.

§ 8. O animal comido, o cadáver e a coisa

A definição do animal como uma coisa se tornou humanamente um dado fundamental. O animal perdeu a dignidade de semelhante do homem, e o homem, percebendo em si mesmo a animalidade, vê-a como uma tara. Sem dúvida alguma há uma parte de mentira no fato de ver o animal como uma coisa. Um animal existe para si mesmo e, para ser uma coisa, deve ser morto ou domesticado. Assim, o animal comido só pode ser colocado como um objeto sob a condição de ser comido morto. E ele só chega a ser plenamente coisa sob forma de assado, de grelhado, de guisado. A preparação das carnes, aliás, não tem essencialmente o sentido de uma pesquisa gastronômica: trata-se, antes disso, do fato de que o homem jamais come algo sem antes transformá-lo num objeto. Ao menos em condições normais, o homem é um animal que não *participa* daquilo que come. Mas matar o animal e modificá-lo a gosto não é apenas transformar em coisa aquilo que, decerto, não o era inicialmente: é definir de antemão o animal vivo como uma coisa. Quando corto, cozinho, afirmo implicitamente que *aquilo* com que ajo assim nunca foi mais que uma coisa. Cortar, cozinhar e comer o homem é, ao contrário, abominável. Não é fazer mal a ninguém; e mesmo, não é raro que seja insensato nada fazer com um homem morto. O estudo da anatomia, entretanto, só deixou de ser escandaloso há pouco tempo. E apesar das aparências, mesmo os materialistas empedernidos são ainda tão religiosos que, a seus olhos, continua sendo um crime fazer de um homem uma coisa – um assado, um guisado... A atitude humana para com o corpo é, aliás, de uma complexidade aterradora. É a miséria do homem, na medida em que é espírito, ter o corpo de um animal e, assim, ser como uma coisa, mas é a glória do corpo humano ser o substrato de um espírito. E o espírito está tão bem ligado ao corpo-coisa que este nunca cessa de ser assombrado, só é coisa no limite, a ponto de que, se a morte o reduz ao estado de coisa, o espírito está mais presente do que nunca: o corpo que o traiu o revela ainda mais que no tempo em que o servia. Em certo sentido, o cadáver é a mais perfeita afirmação do espírito. É a própria essência do espírito que a impotência definitiva e a ausência do morto revelam, assim como o grito daquele que alguém mata é a afirmação suprema da vida. Reciprocamente, o cadáver do homem revela a completa redução ao estado de coisa do corpo do animal, e, consequentemente, do animal vivo também. É, em princípio, um elemento estritamente subordinado, que não conta por si mesmo. Uma utilidade da mesma natureza que o tecido, o ferro ou a madeira manufaturada.

§ 9. O trabalhador e a ferramenta

De um modo geral, o mundo das coisas é sentido como uma degradação. Ele acarreta a alienação daquele que o criou. É um princípio fundamental: subordinar não é apenas modificar o elemento subordinado, mas ser modificado também. A ferramenta transforma ao mesmo tempo a natureza e o homem: ela subjuga a natureza ao homem que fabrica e utiliza a ferramenta, mas liga o homem à natureza subjugada. A natureza se torna a propriedade do homem, mas cessa de lhe ser imanente. Torna-se dele sob a condição de lhe estar fechada. Se o homem coloca o mundo em seu poder, é na medida em que esquece que ele próprio é o mundo: nega o mundo, mas é ele próprio que é negado. Tudo aquilo que está em meu poder anuncia que reduzi o que é semelhante a mim a não existir mais para seu próprio fim, mas para um fim que lhe é estranho. O fim de um arado é estranho à realidade que o constitui, e, com mais forte razão, o fim de um grão de trigo ou de um bezerro. Se eu comesse o trigo ou o bezerro de uma maneira animal, eles seriam igualmente desviados de seu próprio fim, mas seriam subitamente destruídos como trigo ou como bezerro. Em nenhum momento o trigo e o bezerro seriam as *coisas* que são desde o princípio para o homem. O grão de trigo é unidade da produção agrícola, o boi é uma cabeça de gado, e aquele que cultiva o trigo é um agricultor, aquele que cria o boi um criador de gado. Ora, no momento em que cultiva, o fim do agricultor não é, efetivamente, seu próprio fim; no momento em que cria gado, o fim do criador de gado não é, efetivamente, seu próprio fim. O produto agrícola e o gado são coisas, e o agricultor e criador de gado, no momento em que trabalham, também são coisas. Tudo isso é estranho à imensidão imanente, em que não há separação nem limites. Na medida em que é a imensidão imanente, em que é o ser, em que é *do* mundo, o homem é um estranho para si mesmo. O agricultor não é um homem: ele é o arado de quem come o pão. No limite, o próprio ato daquele que come já é o trabalho dos campos, ao qual fornece a energia.

O sacrifício, a festa e os princípios do mundo sagrado

§ 1. A necessidade a que responde o sacrifício e seu princípio

Fazem-se as primícias da colheita ou o sacrifício de uma cabeça de gado para retirar do mundo das coisas a planta e o animal e, ao mesmo tempo, o agricultor e o criador de gado.

O princípio do sacrifício é a destruição, mas, ainda que chegue por vezes a destruir inteiramente (como no holocausto), a destruição que o sacrifício quer operar não é o aniquilamento. É a coisa – somente a coisa – que o sacrifício quer destruir na vítima. O sacrifício destrói os laços de subordinação reais de um objeto, arranca a vítima do mundo da utilidade e a devolve àquele do capricho ininteligível. Quando o animal ofertado entra no círculo onde o sacerdote o imolará, ele passa do mundo das coisas – fechadas ao homem e que não são *nada* para ele, que ele conhece apenas de fora – para o mundo que lhe é imanente, íntimo, conhecido como se conhece a mulher na consumação carnal. Isso supõe que ele deixou de estar, por sua vez, separado de sua própria intimidade, como ocorre na subordinação do trabalho. A separação prévia entre o sacrificador e o mundo das coisas é necessária ao retorno da *intimidade*, da imanência entre o homem e o mundo, entre o sujeito e o objeto. O sacrificador precisa do sacrifício para se separar do mundo das coisas, e a vítima, por sua vez, não poderia ser separada deste se o sacrificador de antemão já não o estivesse. O sacrificador enuncia: "Eu, *intimamente*, pertenço ao mundo soberano dos deuses e dos mitos, ao mundo da generosidade violenta e sem cálculo, como minha mulher pertence a meus desejos. Eu te retiro, vítima, do mundo onde estavas e onde só podias estar reduzida ao estado de uma coisa, tendo um sentido exterior à tua natureza íntima. Eu te chamo de volta à *intimidade* do mundo divino, da imanência profunda de tudo aquilo que é."

§ 2. A irrealidade do mundo divino

Evidentemente, trata-se de um monólogo, e a vítima não pode entender nem responder. É que, essencialmente, o sacrifício vira as costas para as relações reais. Se as levasse em conta, faltaria à sua própria natureza que é justamente o oposto desse mundo das coisas que funda a *realidade* distinta. Ele não poderia destruir o animal enquanto coisa sem negar sua *realidade* objetiva. É o que dá ao mundo do sacrifício um aspecto de gratuidade pueril. Mas não se pode ao mesmo tempo destruir os valores que fundam a realidade e aceitar seus limites. O retorno à intimidade imanente implica uma consciência obnubilada: a consciência está ligada à posição dos objetos como tais, diretamente apreendidos, fora de uma percepção confusa, para além das imagens sempre irreais de um pensamento fundado na participação.

§ 3. A associação ordinária entre a morte e o sacrifício

A pueril inconsciência do sacrifício chega mesmo tão longe que a execução aparece aí como uma maneira de reparar a ofensa feita ao animal, miseravelmente reduzido ao estado de uma coisa. A execução, para dizer a verdade, não é literalmente necessária. Mas a maior negação da ordem real é a mais favorável à aparição da ordem mítica. Por outro lado, a execução sacrificial resolve por meio de uma inversão a penosa antinomia entre a vida e a morte. De fato, a morte não é nada na imanência, mas, pelo fato de não ser nada, nunca um ser está verdadeiramente separado dela. Pelo fato de que a morte não tem sentido, de que não há diferença entre ela e a vida, de que não há contra ela nem temor nem defesa que valham, ela invade tudo sem suscitar resistência. A duração deixa de valer ou está ali apenas para engendrar o deleite doentio da angústia. A posição objetiva – em certo sentido transcendente em relação ao sujeito – do mundo das coisas tem, ao contrário, a duração por fundamento: de fato, nenhuma *coisa* tem posição separada, sentido, senão sob a condição de postular um tempo ulterior, em vista do qual ela é constituída como objeto. O objeto só é definido como uma potência operatória se sua duração é implicitamente entendida. Se é destruído como o são o alimento ou o combustível, aquele que come ou o objeto fabricado conservam seu valor na duração como o fim duradouro do carvão ou do pão. O tempo por vir constitui a tal ponto esse mundo real que a morte não tem mais lugar nele. Mas é justamente por isso que ela é tudo aí. É, de fato, a fraqueza (a contradição) do mundo das coisas – embora o pertencimento do homem a esse mundo esteja ligado à posição do corpo como uma coisa na medida em que ele é mortal – dar à morte um caráter de irrealidade.

Na verdade, trata-se de um aspecto superficial. Aquilo que não tem seu lugar no mundo das coisas, que, no mundo real, é irreal, não é exatamente a morte. A morte, de fato, revela a impostura da realidade, não apenas na medida em que a ausência de duração recorda sua mentira, mas sobretudo porque ela é a grande afirmadora e como que o grito maravilhado da vida. A ordem real rejeita menos a negação da realidade que a morte é do que a afirmação da vida íntima, imanente, cuja violência sem medida é para a estabilidade das coisas um perigo, perigo este que só é plenamente revelado na morte. A ordem real deve anular – neutralizar – essa vida íntima e substituí-la pela coisa que o indivíduo é na sociedade do trabalho. Mas ela não pode evitar que o desaparecimento da vida na morte revele o brilho *invisível* da vida que não é uma *coisa*. A potência da morte significa que esse mundo real não pode ter da vida mais que uma imagem neutra, que a intimidade só revela nele sua consumação cegante no momento em que se esvai. Ninguém *a* sabia ali quando ela ali estava, ela era negligenciada então em proveito das coisas reais: a morte era uma coisa real entre outras. Mas a morte mostra de repente que a sociedade real mentia. Nesse momento, não é a perda da coisa, do membro útil, que é levada em consideração. Aquilo que a sociedade real perdeu não foi um membro, mas sua verdade. Dessa vida íntima, que tinha perdido o poder de me atingir plenamente, e que, essencialmente, eu considerava como uma coisa, é a ausência que a devolve plenamente à minha sensibilidade. A morte revela a vida em sua plenitude e faz a ordem real soçobrar. A partir de então, pouco importa que essa ordem real seja a exigência da duração daquilo que já não é mais. No momento em que um elemento se furta a sua exigência, não há uma entidade que se revela imperfeita e que sofre: essa entidade, a ordem real, dissipou-se inteiramente de uma vez. Não há mais o que fazer, e o que a morte traz nas lágrimas é a inútil consumação da ordem íntima.

É uma opinião ingênua aquela que liga estreitamente a morte à tristeza. As lágrimas dos vivos, que respondem à sua chegada, estão elas próprias longe de ter um sentido oposto à alegria. Longe de serem dolorosas, as lágrimas são a expressão de uma consciência aguda da vida comum apreendida em sua intimidade. É verdade que essa consciência nunca é tão aguda quanto no momento em que a ausência sucede de repente à presença, como na morte ou na simples separação. E, nesse caso, a consolação (no sentido forte que a palavra tem nas "consolações" dos místicos) está em certo sentido amargamente ligada ao fato de que ela não pode durar, mas é precisamente o desaparecimento da duração, e com ela das condutas neutras que lhe estão ligadas, que descobre um fundo das coisas cujo deslumbramento cega (em outros termos, é claro que a necessidade da duração nos furta a vida e que, em princípio, só a impossibilidade da duração nos libera). Em outros casos, em contrapartida, as lágrimas respondem ao triunfo inesperado, à chance com que exultamos, mas sempre de forma insensata, bem além da preocupação com um tempo por vir.

§ 4. A consumação do sacrifício

A potência que a morte tem em geral esclarece o sentido do sacrifício, que opera como a morte na medida em que restitui um valor perdido por meio de um abandono desse valor. Mas a morte não está necessariamente ligada a ele e o sacrifício mais solene pode não ser sangrento. Sacrificar não é matar, mas abandonar e dar. A execução não é mais que a exposição de um sentido profundo. O que importa é passar de uma ordem duradoura, em que todo o consumo dos recursos está subordinado à necessidade de durar, para a violência de um consumo incondicional; o que importa é sair de um mundo de coisas reais, cuja realidade decorre de uma operação a longo prazo e nunca no instante – de um mundo que cria e conserva (que cria em proveito de uma realidade duradoura). O sacrifício é a antítese da produção, feita com vistas ao futuro, é o consumo que só tem interesse para o próprio instante. É nesse sentido que ele é dom e abandono, mas aquilo que é dado não pode ser um objeto de conservação para o donatário: o dom de uma oferenda a faz passar precisamente para o mundo do consumo precipitado. É o que significa "sacrificar à divindade", cuja essência sagrada é comparável a um fogo. Sacrificar é dar como se dá o carvão à fornalha. Mas a fornalha costuma ter uma inegável utilidade, a que o carvão está subordinado, ao passo que, no sacrifício, a oferenda é furtada a qualquer utilidade.

Tanto é esse o sentido preciso do sacrifício, que se sacrifica *aquilo que serve*, não se sacrificam objetos luxuosos. Não poderia haver sacrifício se a oferenda estivesse destruída de antemão. Ora, privando de utilidade, desde o início, o trabalho de fabricação, o luxo já *destruiu* esse trabalho, dissipou-o em glória vã, perdeu-o definitivamente no próprio instante. Sacrificar um objeto de luxo seria sacrificar duas vezes o mesmo objeto.

Mas tampouco se poderia sacrificar aquilo que não tivesse sido retirado primeiro da imanência, que não tendo jamais lhe pertencido não tivesse sido secundariamente subjugado, domesticado e reduzido a coisa. O sacrifício se faz de objetos que poderiam ter sido espíritos, como animais, substâncias vegetais, mas que se tornaram coisas e que é preciso devolver à imanência de que provêm, à esfera vaga da intimidade perdida.

§ 5. O indivíduo, a angústia e o sacrifício

Não se pode, discursivamente, exprimir a intimidade.

O inchaço exorbitado, a malícia que explode apertando os dentes, e que chora; o deslizamento que não sabe de onde vem nem para onde vai; no escuro, o medo que canta a plenos pulmões; a palidez de olhos brancos, a doçura triste, o furor e o vômito... são diversas escapatórias.

É íntimo, no sentido forte, aquilo que tem o arrebatamento de uma ausência de individualidade, a sonoridade inapreensível de um rio, a vazia limpidez do céu: é ainda uma definição negativa, a que falta o essencial.

Esses enunciados têm o valor vago de inacessíveis distâncias, mas, em contrapartida, as definições articuladas substituem a floresta pela árvore que a esconde, aquilo que é articulado pela articulação distinta.

Recorrerei mesmo assim à articulação.

Paradoxalmente, a intimidade é a violência, e é a destruição, porque não é compatível com a posição do indivíduo separado. Se descrevemos o indivíduo na operação do sacrifício, ele se define pela angústia. Mas se o sacrifício é angustiante, é porque o indivíduo toma parte nele. O indivíduo se identifica com a vítima no movimento súbito que a devolve à imanência (à intimidade), mas a assimilação ligada ao retorno da imanência não está menos fundada no fato de que a vítima é a coisa, assim como o sacrificante é o indivíduo. O indivíduo separado é da mesma natureza que a coisa, ou melhor, a angústia de durar pessoalmente que estabelece sua individualidade está ligada à integração da existência no mundo das coisas. Em outras palavras, o trabalho e o medo de morrer são solidários, o primeiro implica a coisa e vice-versa. Na verdade, sequer é necessário trabalhar para ser em algum grau a *coisa* do medo: o homem é individual na medida em que sua apreensão o liga aos resultados do trabalho. Mas o homem não é, como se poderia acreditar, uma coisa *porque* tem medo. Ele não teria angústia se não fosse o indivíduo (a coisa), e é essencialmente ser um indivíduo o que alimenta sua angústia. É para responder à exigência da coisa, é na medida em que o mundo das coisas colocou sua duração como a condição fundamental de seu valor, de sua natureza, que ele aprende a angústia. Ele tem medo da morte desde que entra no edifício de projetos que a ordem das *coisas* é. A morte bagunça a ordem das coisas, e a ordem das coisas nos mantém. O homem tem medo da ordem íntima que não é conciliável com aquela das coisas. Senão, não haveria sacrifício, e tampouco haveria humanidade. A ordem íntima não se revelaria na destruição e na angústia sagrada do indivíduo. É por não estar ali diretamente, mas através de uma coisa ameaçada em sua natureza (nos projetos que a constituem) que, no estremecimento do indivíduo, a intimidade é santa, sagrada e nimbada de angústia.

§ 6. *A festa*

O sagrado é essa efervescência pródiga da vida que, para durar, a ordem das coisas encadeia e que o encadeamento transforma em desencadeamento, ou, em outros termos, em violência. Sem trégua, ele ameaça romper os diques, opor à atividade produtiva o movimento precipitado e contagioso de um consumo de pura glória. O sagrado é precisamente comparável à chama que destrói a madeira ao consumi-la. É o contrário de uma coisa, um incêndio ilimitado que se propaga, irradia calor e luz, queima e cega; e aquele que ele queima e cega, por sua vez, de repente também queima e cega. O sacrifício abrasa como o sol que lentamente morre da irradiação pródiga cujo brilho nossos olhos não podem suportar, mas ele nunca está isolado e, num mundo de indivíduos, convida à negação geral dos indivíduos como tais.

O mundo divino é contagioso, e seu contágio é perigoso. Em princípio, o que está envolvido na operação do sacrifício é como a queda de um raio: não há, em princípio, limite para a conflagração. A vida humana é favorável a isso, não a animalidade: é a resistência oposta à imanência que provoca seu jorro, tão pungente nas lágrimas e tão forte no inconfessável prazer da angústia. Mas, caso se abandonasse sem reserva à imanência, o homem faltaria à humanidade, não a completaria mais que para perdê-la e, a longo prazo, a vida retornaria à longa intimidade sonolenta dos bichos. O problema incessante colocado pela impossibilidade de ser humano sem ser uma coisa e de escapar dos limites das coisas sem voltar ao sono animal recebe a solução limitada da festa.

O movimento inicial da festa está dado na humanidade fundamental, mas só atinge a plenitude de um jorro se a concentração angustiada do sacrifício o desencadeia. A festa reúne homens abertos pela consumação da oferenda contagiosa (a comunhão) a uma conflagração todavia limitada por uma sabedoria de sentido contrário: é uma aspiração à destruição que explode na festa, mas é uma sabedoria conservadora que a ordena e limita. De um lado, todas as possibilidades de consumo são reunidas: a dança e a poesia, a música e as diferentes artes contribuem para fazer da festa o lugar e o tempo de um desencadeamento espetacular. Mas a consciência, desperta na angústia, inclina, numa inversão exigida por uma impotência de se entregar ao desencadeamento, a subordiná-lo à necessidade que a ordem das coisas tem – encadeada por essência e por si mesma paralisada – de receber um impulso de fora. Assim, o desencadeamento da festa está, em definitivo, senão encadeado, ao menos restrito aos limites de uma realidade de que é a negação. É na medida em que salvaguarda as necessidades do mundo profano que a festa é suportada.

§ 7. A limitação, a interpretação utilitária da festa e a posição do grupo

A festa é a fusão da vida humana. Ela é, para a coisa e para o indivíduo, o crisol em que as distinções se fundem sob o calor intenso da vida íntima. Mas sua intimidade se dissolve na posição real e individualizada do conjunto posto em jogo nos ritos. É com vistas a uma comunidade *real*, a um fato social dado como uma coisa – a uma operação comum voltada para o tempo por vir – que a festa é limitada: ela própria é integrada como um elo no encadeamento das obras úteis. Enquanto embriaguez, caos, orgia sexual – aquilo que, no limite, ela é –, a festa afoga, em certo sentido, na imanência; ela excede então até os limites do mundo híbrido dos espíritos, mas seus movimentos rituais só deslizam para o mundo da imanência pela mediação dos espíritos. Aos espíritos trazidos pela festa, aos quais o sacrifício é ofertado, e à intimidade dos quais as vítimas são devolvidas, é atribuída como a coisas uma potência operatória. A própria festa é considerada no final como operação, e sua eficácia não é colocada em dúvida. A possibilidade de produzir, de fecundar os campos e os rebanhos é conferida a ritos cujas formas operatórias menos servis têm por fim, por uma concessão, ceder às medonhas violências do mundo divino a parte que lhes cabe. De qualquer modo, positivamente na fecundação, negativamente na propiciação, é de início como coisa – individualização determinada e obra comum com vistas à duração – que a comunidade aparece na festa. A festa não é um verdadeiro retorno à imanência, mas uma conciliação amigável, e cheia de angústia, entre as necessidades incompatíveis.

Evidentemente, a comunidade na festa não é unicamente colocada como um objeto e sim, de modo mais geral, como um espírito (como um sujeito-objeto), mas sua posição tem o valor de um limite para a imanência da festa e, por essa razão, o lado coisa é acentuado. Se ela não é ainda, ou não é mais, o laço da comunidade com a festa é dado em formas operatórias, cujos fins principais são os produtos do trabalho, as colheitas e os rebanhos. Não há *consciência* clara do que a festa *efetivamente* é (do que ela é no instante de seu desencadeamento) e a festa só é distintamente situada na consciência uma vez integrada na duração da comunidade. É o que a festa (o sacrifício incendiário e o incêndio) é conscientemente (subordinada a essa duração da coisa comum, que impede que a própria festa dure), mas isso mostra bem a impossibilidade própria à festa e o limite do homem, limite ligado à consciência clara. A festa ocorre para devolvê-lo à imanência, mas a condição do retorno é a obscuridade da consciência. Não é, portanto, a humanidade – na medida em que a consciência clara justamente a opõe à animalidade – que é devolvida à imanência. A virtude da festa não está integrada em sua natureza, e, reciprocamente, o desencadeamento da festa só foi possível em razão dessa impotência da consciência de tomá-lo pelo que ele é. O problema fundamental da religião está dado nessa fatal incompreensão da festa. O homem é o ser que perdeu, e mesmo rejeitou, aquilo que ele obscuramente é: intimidade indistinta. A consciência não poderia ter se tornado clara a longo prazo se não tivesse se desviado de seus conteúdos embaraçosos, mas a própria consciência clara está à procura daquilo que ela própria extraviou, e que, à medida que se aproxima dele, deve extraviar de novo. É claro que o que ela extraviou não está fora dela, é da obscura intimidade da própria consciência que a consciência clara dos objetos se desvia. A religião, cuja essência é a busca da intimidade perdida, se resume ao esforço da consciência clara que quer ser inteiramente consciência de si: mas esse esforço é vão, já que a consciência da intimidade só é possível no nível em que a consciência não é mais uma operação cujo resultado implica a duração, ou seja, no nível em que a clareza, que é o efeito da duração, não é mais dada.

§ 8. *A guerra: as ilusões do desencadeamento da violência para fora*

A individualidade de uma sociedade, que a fusão da festa funda, define-se inicialmente no plano das obras reais – da produção agrária – que integram o sacrifício no mundo das coisas. Mas a unidade de um grupo tem dessa forma o poder de dirigir a violência destrutiva para fora.

Precisamente a violência exterior se opõe em princípio ao sacrifício ou à festa cuja violência exerce internamente suas devastações. Só a religião garante um consumo que destrói a própria substância daqueles que ela anima. A ação armada destrói os outros ou a riqueza dos outros. Ela pode, aliás, se exercer individualmente, no interior de um grupo, mas o grupo constituído pode exercê-la para fora e é então que ela começa a desenvolver suas consequências.

Ela tem nos combates mortíferos, nos massacres e nas pilhagens um sentido próximo ao das festas, na medida em que o inimigo não é tratado como coisa. Mas a guerra não se limita a essas forças explosivas e, mesmo dentro desses limites, ela não é como o sacrifício uma ação lenta, conduzida com vistas a um retorno à intimidade perdida. É uma irrupção desordenada cuja direção para fora furta ao guerreiro a imanência que ele atinge. E se é verdade que a ação de guerra tende, à sua maneira, a dissolver o indivíduo pela colocação em jogo negativa do valor de sua própria vida, ela não pode evitar, na sequência do tempo, acentuá-lo, ao contrário, fazendo do indivíduo sobrevivente o beneficiário dessa colocação em jogo.

A guerra determina o desenvolvimento do indivíduo para além do indivíduo-coisa na individualidade gloriosa do guerreiro. O indivíduo glorioso introduz, por meio de uma negação primeira da individualidade, a ordem divina na categoria do indivíduo (que, de uma maneira fundamental, exprime a ordem das coisas). Ele tem a vontade contraditória de tornar duradoura uma negação da duração. Assim, sua força é em parte uma força de mentir. A guerra representa um avanço ousado, mas é também o mais grosseiro: não é necessária menos ingenuidade – ou tolice – que força para ser indiferente àquilo que o indivíduo glorioso superestima e para se gabar de ter se tomado por nada.

§ 9. A redução do desencadeamento das guerras ao encadeamento do homem-mercadoria

Esse caráter mentiroso e superficial tem graves consequências. A guerra não se limita a formas de devastação sem cálculo. Embora mantenha obscuramente a consciência de uma vocação que exclui a conduta interessada do trabalho, o guerreiro reduz seu semelhante à servidão. Subordina assim a violência à mais completa redução da humanidade à ordem das coisas. Decerto, o guerreiro não é o iniciador da redução. A operação que faz do escravo uma coisa supunha a instituição prévia do trabalho. Mas o trabalhador livre era uma coisa voluntariamente e por certo tempo. Só o escravo, de que a ordem militar fez uma mercadoria, leva a redução às últimas consequências. (É mesmo necessário esclarecer que, sem a escravidão, o mundo das coisas não teria atingido sua plenitude.) Assim, a grosseira inconsciência do guerreiro atua principalmente no sentido de uma predominância da ordem real. O prestígio sagrado que ele se arroga é o falso semblante de um mundo reduzido profundamente ao peso da utilidade. A nobreza do guerreiro é da mesma espécie que o sorriso da prostituta: sua verdade é o interesse.

§ 10. O sacrifício humano

Os sacrifícios de escravos ilustram o princípio segundo o qual *aquilo que serve* está votado ao sacrifício. O sacrifício devolve o escravo, cuja servidão acentua o aviltamento da ordem humana, à nefasta intimidade do desencadeamento.

De modo geral, o sacrifício humano é o momento agudo de um debate que opõe à ordem real e à duração o movimento de uma violência sem medida. É a contestação mais radical do primado da utilidade. É, ao mesmo tempo, o mais alto grau de um desencadeamento da violência interior. A sociedade em que esse sacrifício impera afirma principalmente a recusa de um desequilíbrio entre uma violência e outra. Aquele que desencadeia suas forças de destruição para fora não pode ser avarento com seus recursos. Se reduz o inimigo à escravidão, precisa, de uma maneira espetacular, fazer dessa nova fonte de riqueza um uso glorioso. Precisa destruir em parte essas coisas que o servem, pois nada há de útil perto dele que não deva corresponder, em primeiro lugar, à exigência de consumo da ordem mítica. Assim, uma superação contínua rumo à destruição nega, ao mesmo tempo que afirma, a posição individual do grupo.

Mas essa exigência de consumo incide sobre o escravo na medida em que ele é *sua* propriedade e *sua* coisa (daquele que o reduz à escravidão). Ela não pode ser confundida com os movimentos de violência que têm o fora, o inimigo, por objeto. Sob esse aspecto, o sacrifício de um escravo está longe de ser puro. Ele prolonga em certo sentido o combate guerreiro, e a violência interna, essência do sacrifício, não é satisfeita nele. O consumo intenso exige, no ápice, vítimas que não sejam mais apenas a riqueza útil de um povo, mas esse próprio povo. Ao menos, elementos que o significam e que serão dessa vez votados ao sacrifício, não por um afastamento do mundo sagrado – pela degradação – mas, bem pelo contrário, por uma excepcional proximidade, como o soberano ou as crianças (cuja execução realiza enfim a completude de um sacrifício em dois momentos).

Não se poderia ir mais longe no desejo de consumir a substância vital. Não se poderia, inclusive, ir mais imprudentemente. Um movimento de consumo tão intenso responde a um sentimento de mal-estar criando um mal-estar ainda maior. Não é o apogeu de um sistema religioso, é antes o momento em que ele se condena: no momento em que as formas antigas perderam uma parte de sua virtude, ele só pode se manter por excessos, por inovações onerosas demais. Numerosos sinais indicam que essas exigências cruéis eram mal suportadas. A trapaça substituía o rei pelo escravo a quem uma realeza temporária era conferida. O primado do consumo não pôde resistir ao primado da força militar.

II. A religião nos limites da razão
(Da ordem militar ao crescimento industrial)

A ordem militar

*§ 1. Passagem de um equilíbrio entre recursos e gastos
à acumulação das forças com vistas a seu crescimento*

O sacrifício humano testemunha ao mesmo tempo um excesso de riqueza e uma maneira muito penosa de gastá-la. Ele culmina em seu conjunto na condenação dos sistemas novos bastante estáveis cujo crescimento era fraco e nos quais o gasto se equiparava aos recursos.

A ordem militar pôs fim aos mal-estares que respondiam a uma orgia de consumo. Determinou um emprego racional das forças para o aumento constante da potência. O espírito metódico de conquista é contrário ao do sacrifício, e desde o início os reis militares se recusam a este. O princípio da ordem militar é o desvio metódico da violência para fora. Se a violência impera no interior, a ordem militar se opõe a isso na medida em que pode fazê-lo. E, desviando-a para fora, subordina-a a um fim real. Ela a subordina assim de modo geral. Dessa forma, a ordem militar é contrária às formas espetaculares de combate, que respondem mais a uma explosão desenfreada de furor que ao cálculo racional da eficácia. Ela não visa mais, como o fazia na guerra e na festa um sistema social arcaico, ao maior dispêndio de forças. O gasto das forças subsiste, mas submetido o máximo possível a um princípio de rendimento: se as forças são gastas é com vistas à aquisição de forças maiores. A sociedade arcaica se limitava na guerra à captura de escravos. Em conformidade com seus princípios, ela podia compensar essas aquisições por meio de hecatombes rituais. A ordem militar organiza o rendimento das guerras em escravos e o dos escravos em trabalho. Faz da conquista uma operação metódica, visando ao engrandecimento de um império.

§ 2. Posição de um império como a coisa universal

O império se submete desde o início ao primado da ordem real. Ele próprio se coloca essencialmente como uma coisa. Subordina-se aos fins que afirma: ele é a administração da razão. Mas não poderia admitir outro império em sua fronteira como igual. Toda e qualquer presença ao seu redor se ordena em relação a ele num projeto de conquista. Ele perde assim o simples caráter individualizado da comunidade estrita. Não é mais uma coisa no sentido de que as coisas se inserem na ordem que lhes pertence, ele é a própria ordem das coisas e é uma coisa universal. Nesse grau, a coisa que não pode ter um caráter soberano pode ainda menos ter um caráter subordinado, já que é, em princípio, uma operação desenvolvida até o extremo de suas possibilidades. No limite, não é mais uma coisa, na medida em que leva em si mesma, para além de seus caracteres intangíveis, uma abertura a todo o possível. Mas essa abertura é um vazio nela. Só é a coisa no momento em que ela se desfaz, revelando a impossibilidade da subordinação infinita. Mas não pode se consumir por si mesma soberanamente. Pois, essencialmente, continua sendo uma coisa, e o movimento da consumição deve lhe chegar de fora.

§ 3. O direito e a moral

O império, sendo a coisa universal (cujo vazio sua universalidade descobre), na medida em que sua essência é um desvio da violência para fora, desenvolve necessariamente o direito que assegura a estabilidade da ordem das coisas. De fato, o direito dá aos ataques que lhe são feitos a sanção de uma violência exterior.

O direito define relações obrigatórias de cada coisa (ou de cada indivíduo-coisa) com os outros e as garante pela sanção da força pública. Mas o direito não é aqui mais que um duplo da moral que garante as mesmas relações pela sanção de uma violência interior do indivíduo.

O direito e a moral têm igualmente seu lugar no império na medida em que definem uma necessidade *universal* da relação de cada coisa com outras. Mas o poder da moral permanece estranho ao sistema fundado na violência exterior. A moral só diz respeito a esse sistema no limite em que o direito se integra a ele. E a ligação de um com o outro é o meio-termo pelo qual se vai do império para fora, de fora para o império.

O dualismo e a moral

§ 1. Posição do dualismo e deslocamento dos limites do sagrado e do profano

No âmbito de um mundo da ordem militar, desde o princípio em movimento rumo ao império universal, a consciência é distintamente determinada na reflexão medida do mundo das coisas. E essa determinação autônoma da consciência opera no *dualismo* uma alteração profunda na representação do mundo.

Primitivamente, no interior do mundo divino, os elementos fastos e puros se opunham aos elementos nefastos e impuros, e ambos apareciam igualmente afastados do profano. Mas, se consideramos um movimento dominante do pensamento refletido, o divino aparece ligado à pureza, o profano, à impureza. Assim se conclui um deslizamento a partir de um dado primeiro em que a imanência divina é perigosa, em que aquilo que é sagrado é antes de tudo nefasto e destrói por contágio aquilo de que se aproxima, em que os espíritos fastos são mediadores entre o mundo profano e o desencadeamento das forças divinas – e comparados às divindades negras parecem menos sagrados.

Esse deslizamento antigo inicia uma mudança decisiva. O pensamento refletido define regras morais, enuncia relações universalmente obrigatórias entre os indivíduos e a sociedade ou para os indivíduos entre si. Essencialmente, essas relações obrigatórias são aquelas que garantem a ordem das *coisas*. Elas retomam por vezes interditos que a ordem íntima funda (como o do assassinato). Mas a moral escolhe entre as regras da ordem íntima. Ela afasta ou, ao menos, não sustenta os interditos a que não pode ser conferido valor universal, que provêm claramente de uma liberdade caprichosa da ordem mítica. E mesmo se toma da religião uma parte das leis que edita, funda-as então, como as outras, *na razão*, liga-as à ordem das *coisas*. A moral enuncia as regras que decorrem universalmente da natureza do mundo profano, que asseguram a duração sem a qual não pode haver operação. Ela é, portanto, oposta à escala dos valores da ordem íntima, que colocava acima de tudo aquilo cujo sentido é dado no instante. Ela condena as formas agudas da destruição ostentatória das riquezas (como o sacrifício humano, ou mesmo o sacrifício sangrento...). Condena de modo geral todos os consumos inúteis. Mas ela só é possível no momento em que a soberania, no mundo divino, desliza da divindade negra para a branca, da nefasta para a protetora da ordem real. De fato, ela supõe a sanção da ordem divina. Admitindo a potência operatória do divino sobre o real, o homem tinha, na prática, subordinado o divino ao real. Ele reduziu lentamente a violência do divino à sanção da ordem real que a moral é, sob a condição de que a ordem real se dobrasse, justamente na moral, à ordem universal da razão. A razão é, na verdade, a forma universal da coisa (idêntica a si mesma), e da operação (da ação). A razão e a moral unidas, extraídas, na verdade, das necessidades de conservação e de operação da ordem real, entram em acordo com a função divina que exerce uma soberania benfazeja sobre essa ordem. Elas racionalizam e moralizam a divindade, no próprio movimento em que a moral e a razão são divinizadas.

Surgem assim os elementos da concepção do mundo a que é comumente reservado o nome de dualismo e que difere da representação primeira, igualmente fundada numa bipartição, por um deslocamento dos limites e por uma inversão dos valores.

Na representação primeira, o sagrado imanente é dado a partir da intimidade animal do homem e do mundo, ao passo que o mundo profano é dado na transcendência do objeto, que não tem intimidade a que a humanidade seja imanente. No manejo dos objetos e, em geral, nas relações com os objetos, ou com sujeitos vistos como tais, surgem, sob formas implícitas mas ligadas ao mundo profano, os princípios da razão e da moral.

O próprio sagrado é dividido: o sagrado negro e nefasto se opõe ao sagrado branco e fasto, e as divindades que participam de um ou do outro não são nem racionais nem morais.

Ao contrário, na evolução dualista, o divino se torna racional e moral e rejeita o sagrado nefasto para o lado profano. O mundo do espírito (que tem poucas relações com o primeiro mundo dos espíritos

– onde as formas distintas do objeto eram acrescentadas à indistinção da ordem íntima) é o mundo inteligível da ideia, cuja unidade não pode ser decomposta. A divisão em fasto e nefasto se reencontra no mundo da matéria, onde a forma sensível é ora apreensível (em sua identidade consigo mesma e com sua forma inteligível e em seu poder de operação), e ora não é apreensível, permanece movente, perigosa e imperfeitamente inteligível, não é mais que acaso, violência, e ameaça destruir as formas estáveis e operatórias.

§ 2. A negação da imanência do divino e sua posição na transcendência da razão

O momento da mudança é dado numa passagem: num transporte, num movimento súbito de transcendência, uma vez ultrapassada a matéria sensível, a esfera inteligível se revela. A inteligência ou o conceito, situado fora do tempo, é definido como uma ordem soberana, a que o mundo das coisas se subordina como se subordinava aos deuses da mitologia. Assim, o mundo inteligível tem a aparência do divino.

Mas sua transcendência é de outra natureza que aquela, indecisa, do divino da religião arcaica. O divino era inicialmente apreendido a partir da intimidade (da violência, do grito, do ser em irrupção, cego e ininteligível, do *sagrado* negro e nefasto); se era transcendente, era-o de uma maneira provisória, para o homem que agia na ordem real, mas que os ritos devolviam à ordem íntima. Essa transcendência secundária diferia profundamente daquela do mundo inteligível, que permanece *para sempre* separado do mundo sensível. A transcendência de um dualismo aprofundado é a passagem de um mundo para o outro. Melhor, a *saída* deste mundo aqui, saída do mundo sem mais – pois, oposto ao mundo sensível, o mundo inteligível mais do que ser outro mundo está fora do mundo.

Mas, precisamente, o homem da concepção dualista é o oposto do homem arcaico porque não há mais intimidade entre ele e este mundo. Este mundo lhe é efetivamente imanente, mas na medida em que não é mais o homem da intimidade, em que é o homem da coisa, e ele próprio uma coisa, sendo indivíduo distintamente separado. Decerto, o homem arcaico não participava continuamente da violência contagiosa da intimidade, mas, se estava afastado dela, os ritos sempre guardavam o poder de reconduzi-lo a ela no momento desejado. No âmbito da concepção dualista, nenhuma sobrevivência das festas antigas pode fazer com que o homem da reflexão, que a reflexão constitui, não seja, no momento de seu acabamento, o homem da intimidade perdida. Decerto, a intimidade não lhe é estranha, não se poderia dizer que ele não sabe nada dela, já que tem dela a reminiscência. Mas justamente essa reminiscência o lança para fora de um mundo onde não há nada que responda à nostalgia que tem dela. Nesse mundo, mesmo as coisas, sobre as quais faz incidir sua reflexão, estão separadas profundamente dele, e os próprios seres são mantidos em sua individualidade incomunicável. É por isso que a transcendência não tem para ele, em nenhum grau, o valor de uma separação, e sim o de um retorno. Decerto, ela é o inacessível, sendo transcendência: ela coloca em sua operação a impossibilidade, para o operador, de ser imanente ao resultado da operação. Mas, se o indivíduo que ele é não pode sair desse mundo nem se ligar àquilo que ultrapassa seus próprios limites, ele entrevê, em seu súbito despertar, aquilo que não pode ser apreendido mas que se esquiva justamente como um *déjà vu*. O *déjà vu* para ele difere absolutamente daquilo que vê, que está sempre separado dele próprio – e, pela mesma razão, de si mesmo. É aquilo que lhe é inteligível, que desperta nele a reminiscência, mas que imediatamente se perde na invasão dos dados sensíveis, que fundam novamente a separação por toda parte. Esse ser separado é precisamente uma *coisa* na medida em que está separado de si: *ele* é a coisa e a separação, mas *si* é, ao contrário, uma intimidade que não está separada de nada (a não ser daquilo que se separa dela, como *ele*, e com ele todo o mundo das coisas separadas).

§ 3. A exclusão racional do mundo sensível e a violência da transcendência

Há uma extrema virtude no paradoxo de uma transcendência da intimidade, que se deve à perfeita negação da *intimidade dada* que a transcendência é. É que a intimidade dada nunca é mais que o contrário da intimidade, pois ser dado é necessariamente sê-lo à maneira de uma coisa. É já ser uma coisa de que necessariamente a intimidade está separada. A intimidade escapa de si mesma no movimento em que é dada. De fato, é na saída do mundo das coisas que a intimidade perdida se reencontra. Mas, na verdade, o mundo das coisas não é o *mundo* por si só, e a pura transcendência em direção a um puro inteligível (que é também, entrevisto de uma vez, no despertar, ininteligível puro) é, no interior do mundo sensível, uma destruição ao mesmo tempo demasiado completa e impotente.

Decerto, a destruição da coisa do mundo arcaico tinha uma virtude e uma impotência opostas. Ela não destruía a coisa universalmente por meio de uma única operação, ela destruía uma coisa precisa isoladamente, *pela negação que é a violência,* que está impessoalmente *no mundo.* Ora, o movimento da transcendência não é, em sua negação, menos oposto à violência que à coisa que a violência destrói. A análise que precede mostra bem a timidez desse avanço ousado. Ele tem, sem dúvida alguma, a mesma intenção fundamental que o sacrifício arcaico, que é, seguindo um inelutável destino, o de ao mesmo tempo suspender e preservar[9] a ordem das coisas. Mas se suspende essa ordem, ele o faz elevando-a à negação de seus efeitos reais: a transcendência da razão e da moral confere soberania, contra a violência (a devastação contagiosa de um desencadeamento), à sanção da ordem das coisas. Assim como a operação do sacrifício, ela não condena em si mesmos os desencadeamentos limitados da violência de fato, que têm no mundo direitos ao lado da ordem das coisas, mas os define como o mal assim que colocam essa ordem em perigo.

A fraqueza do sacrifício era a de perder com o tempo sua virtude e acabar ordenando uma ordem das *coisas* sagradas, não menos servil que a dos objetos reais. A afirmação profunda do sacrifício, a de uma perigosa soberania da violência, tendia ao menos a manter uma angústia que despertava uma nostalgia da intimidade, à altura da qual só a violência tem a força de nos elevar. Mas se é verdade que uma rara violência é liberada na transcendência no instante de seu movimento, e que ela é o próprio despertar da possibilidade, também é verdade que, precisamente porque uma violência tão total não pode ser mantida por muito tempo, a posição do despertar dualista tem o sentido de uma introdução à sonolência que a segue.

Ao dualismo da transcendência sucede a posição sonolenta (já dada nos deslizamentos iniciais e que só o sono ajuda a tolerar) da divisão do mundo entre dois princípios, ambos incluídos neste mundo, aquele do bem e do espírito e aquele do mal e da matéria. A partir daí está dado sem contrapartida um império da ordem real que é uma soberania da servidão. Define-se um mundo onde a livre violência só encontra um lugar negativo.

A mediação

§ 1. Fraqueza geral da divindade moral e força do mal

Precisamente porque o despertar é o sentido do dualismo, o inevitável sono que o segue reintroduz a posição maior do mal. A platitude a que está limitado um dualismo sem transcendência abre o espírito à soberania do mal que o desencadeamento da violência é. A soberania do bem que o despertar implica e que o sono da posição dualista leva a cabo é também uma redução à ordem das coisas que só deixa abertura no sentido de um retorno à violência. O dualismo pesado volta à posição anterior ao despertar: a partir de então, o mundo nefasto retoma um valor sensivelmente igual ao que tinha na posição arcaica. Sua importância é menor do que na soberania de uma violência pura, que não tinha o sentido do mal, mas as forças do mal nunca perderam seu valor divino a não ser nos limites de uma reflexão elaborada, e sua posição aparentemente inferior não pode impedir a humanidade simples de continuar a viver em seu poder. Várias formas são possíveis: um culto de execração de uma violência tida por irredutível pode captar o interesse de uma consciência cega; e o interesse é abertamente declarado se a execração implica uma completa abertura ao mal, com vistas a uma purificação ulterior; o mal, enfim, o mal como tal, pode revelar à consciência confusa que ele lhe é mais caro do que o bem. Mas as diferentes formas da atitude dualista nunca oferecem mais que uma possibilidade escorregadia ao espírito (que deve sempre responder no mesmo instante a duas exigências inconciliáveis: suspender e conservar a ordem das coisas).

Uma possibilidade mais rica, que acomoda deslizamentos suficientes dentro de seus limites, é dada na mediação.

A principal fraqueza do dualismo é a de só oferecer um lugar legítimo à violência no momento, de pura transcendência, da exclusão racional do mundo sensível. Mas a divindade do bem não pode se manter nesse grau de pureza: ela recai de fato no mundo sensível. Ela é o objeto, por parte do fiel, de uma busca de comunicação íntima, mas essa sede de intimidade nunca será saciada. O bem é uma exclusão da violência e não pode haver ruptura da ordem das coisas separadas, ou seja, intimidade, sem violência: de direito, o deus do bem está limitado à violência com que exclui a violência, e só é divino, acessível à intimidade, na medida em que, de fato, guarda em si a velha violência, que ele não tem o rigor de excluir, e nessa medida ele não é o deus da razão, que é a verdade do bem. Em princípio, isso leva ao definhamento do divino moral em proveito do mal.

§ 2. A mediação do mal e a impotência do deus vingador

Uma primeira mediação do mal sempre foi possível. Se, na minha frente, as forças reais do mal matam meu amigo, a violência introduz a intimidade sob sua forma mais ativa. No estado aberto em que estou em decorrência de uma violência padecida, na dolorosa revelação da intimidade do morto, estou de acordo com a divindade do bem que condena um ato cruel. Clamo na divina desordem do crime pela violência que restaurará a ordem destruída. Mas, na realidade, não foi a vingança, foi o crime que me abriu a intimidade divina. E, na medida em que não se transformar num prolongamento da irracional violência do crime, a vingança logo fechará aquilo que o crime abriu. Pois só é divina uma vingança comandada pela paixão e pelo gosto de uma violência desencadeada. A restauração da ordem legal está subordinada por essência à realidade profana. Assim, uma primeira possibilidade de mediação coloca em evidência a natureza excepcionalmente escorregadia de um deus do bem: ele é divino ao excluir a violência pela violência (e o é menos que a violência excluída, que é a mediação necessária de sua divindade), mas ele o é na medida em que se opõe ao bem e à razão; e se é pura moralidade racional, extrai o que lhe resta de divindade de um nome, e de uma propensão a durar daquilo que não é destruído de fora.

§ 3. O sacrifício da divindade

Na segunda forma de mediação, a violência chega à divindade de fora. É a própria divindade que a padece. Como na posição de um deus de vingança, o crime é necessário ao retorno da ordem íntima. Se não houvesse aí mais que o homem da ordem das coisas e a divindade moral, não poderia haver entre eles comunicação profunda. O homem incluído na ordem das coisas não poderia a um só tempo suspender e conservar essa ordem. A violência do mal deve intervir a fim de que a ordem seja suspensa por uma destruição, mas a vítima oferecida é, ela própria, a divindade.

O princípio da mediação é dado no sacrifício em que a oblação é destruída para abrir uma passagem, um retorno à ordem íntima. Mas, na mediação do sacrifício, o ato do sacrificador não é, em princípio, oposto à ordem divina, cuja natureza ele prolonga imediatamente. Ao contrário, o crime que um mundo da soberania do bem definiu como tal é exterior à divindade moral. Aquele que padece a violência do mal pode ser também nomeado o mediador, mas só na medida em que ele próprio se coloca em poder do aniquilamento, em que renuncia a si mesmo. A simples vítima do mal, que invocava o deus da vingança, não podia receber esse nome, já que padecera involuntariamente a violência da mediação. Mas a própria divindade invoca o crime, a mediação é a obra comum da violência e do ser que ela dilacera.

Na verdade, o sacrifício da divindade moral nunca é o mistério insondável que se imagina de costume. É sacrificado *aquilo que serve*, e a partir do momento em que a soberania é ela própria reduzida a servir a ordem das coisas, ela só pode ser restituída à ordem divina por meio de sua destruição, na medida em que se tornou uma coisa. Isso supõe a posição do divino num ser suscetível de ser realmente (fisicamente) suprimido. A violência, assim, suspende e preserva a ordem das coisas, independentemente de uma vingança que pode ser ou não buscada. A divindade aceita na morte a verdade soberana de um desencadeamento que derruba a ordem real, mas ela a desvia para si e, a partir de então, não serve mais a essa ordem em si mesma: cessa de estar sujeita a ela como estão as próprias coisas.

Assim, ela eleva o soberano bem, e a soberana razão, acima dos princípios conservatórios e operatórios do mundo das coisas. Ou antes, ela faz dessas formas inteligíveis aquilo que fazia delas o movimento de transcendência, um além ininteligível do ser, *onde ela situa a intimidade.*

Porém, com muito mais força que a transcendência, cujo movimento de violência era dado independentemente do mal (no arrancamento da razão ao mundo sensível), o sacrifício da divindade está ligado à exclusão geral das violências dadas. A própria violência sem a qual a divindade não teria podido se arrancar à ordem das coisas é rejeitada como algo que não deveria existir. A divindade só permanece divina por meio daquilo que ela condena.

§ 4. O divino entregue à operação

O paradoxo de uma mediação que não deveria ter existido não está fundado apenas numa contradição interna. Ele ordena de modo geral a contradição na suspensão e na manutenção da ordem real. A partir da mediação, a ordem real é subordinada à busca da intimidade perdida, mas à profunda separação da intimidade e da coisa sucede a multiplicidade das confusões. A intimidade – a salvação – é considerada como uma coisa no modo da individualidade e da duração (da operação). A duração lhe é atribuída como um fundamento a partir da preocupação de durar que a operação comanda. Ao mesmo tempo, ela é colocada como o resultado de operações análogas àquelas da ordem real e que se desenrolam nela.

Na verdade, a ordem íntima só subordina o mundo real de maneira superficial. Sob a soberania da moral, todas as operações que pretendem assegurar o retorno da intimidade são aquelas que o mundo real exige: as proibições estendidas que são dadas como sua condição visam essencialmente a preservar da desordem o mundo das coisas. No final, o homem da salvação mais introduziu os princípios da ordem das coisas na ordem íntima do que subordinou essa ordem produtiva aos consumos destrutivos da ordem íntima.

Assim, esse mundo da mediação e das obras de salvação é desde o princípio conduzido ao transbordamento de seus limites. Não apenas as violências que a moral condena são liberadas nele por toda a parte, mas um debate tácito se institui ali entre as obras de salvação, que servem à ordem real, e aquelas que lhe escapam, que a estrita moral contesta, e que votam seus recursos úteis às destruições suntuosas da arquitetura, da liturgia ou do ócio contemplativo.

O crescimento industrial

§ 1. A posição de uma completa ausência de relações entre a intimidade divina e a ordem real

Essencialmente, o mundo da mediação é o mundo das obras. Nele, a salvação é buscada como se fia a lã, ou seja, não se age nele segundo a ordem íntima, em razão de impulsos violentos, que excluem os cálculos, mas segundo os princípios do mundo da produção, com vistas a um resultado por vir, que importa mais que a satisfação do desejo no instante. A rigor, as obras improdutivas reservam uma margem de satisfação neste mundo. É meritório introduzir aqui embaixo um reflexo dos esplendores divinos (ou seja, da intimidade); ora, além do mérito que lhe atribuem, esse ato tem seu valor no instante. Mas como cada possibilidade deve ser subordinada à operação da salvação, a contradição do ato meritório e dos esplendores divinos é aí mais difícil ainda na obra moral, justificada pela razão.

O efeito das obras é, a longo prazo, o de reduzir novamente a divindade – e o desejo pela divindade – ao caráter profano da coisa. A oposição fundamental do divino à coisa, da intimidade divina ao mundo da operação, é ressaltada na negação do valor das obras – na afirmação de uma completa ausência de relações entre a graça divina e os méritos. A negação do valor das obras – depois da exclusão racional do mundo sensível e da imolação da divindade – é o terceiro modo de arrancamento do divino à ordem das coisas. Mas essa admirável recusa faz pensar no insensato que se joga no rio para evitar a chuva. Decerto, a recusa das obras é a crítica consequente dos compromissos do mundo da mediação, mas não é uma crítica consumada. O princípio da salvação, que mantém no tempo futuro e no além deste mundo-aqui o retorno à intimidade perdida, equivoca-se sobre a essência da salvação que não é apenas de poder ser subordinada àquilo que ela não é, mas de só poder se dar no instante – e na imanência do aqui-embaixo... Manter uma salvação adiada para o além e negar as obras é esquecer que a intimidade só pode ser reencontrada por mim – se os dois termos estão *presentes* –, não a intimidade sem mim. O que significa a intimidade restaurada em si mesma se ela me escapa? A transcendência da razão arrancava o pensamento, no instante, pela reminiscência, à prisão do mundo sensível; e a mediação que libera o divino da ordem real só introduz a impotência das obras em razão de um não-sentido que seria o abandono do aqui-embaixo. De qualquer modo, não se pode colocar a intimidade divina, a não ser num ponto, de imediato, como a possibilidade da imanência do divino *e do homem*. Mas a posição da transcendência divina na negação do valor das obras consuma a separação do além e do aqui-embaixo: a partir de então o aqui-embaixo é reduzido à coisa, e a ordem divina não pode ser introduzida nele – como era nos monumentos e nas festividades religiosas.

Em certo sentido, é a renúncia mais necessária: na medida em que o homem está inteiramente ligado à ordem real, em que ele se limita a projetos de operações. Mas a questão não é mostrar a impotência do homem das obras, a questão é arrancar o *homem* à ordem das obras. E é justamente o contrário que a negação do valor das obras opera, que a elas abandona e nelas encerra o homem, e que altera seu sentido. A negação de seu valor substitui o mundo das obras subordinadas à ordem íntima por um mundo onde sua soberania se consuma, um mundo das obras que não tem outro fim senão seu próprio desenvolvimento. A partir de então, só a produção é, aqui embaixo, acessível e digna de interesse; o princípio da destruição improdutiva só é dado no além, e não pode valer para o aqui-embaixo.

§ 2. Visão de conjunto das relações da produção com a destruição improdutiva

Aquilo que a negação do valor divino das obras abre assim é o reinado das coisas autônomas. É, numa palavra, o mundo da indústria.

Na sociedade arcaica, teoricamente, o mundo das coisas era dado como fim à violência íntima, mas só podia sê-lo sob uma condição: a de que essa violência fosse tida por soberana, que ela fosse, de fato, o verdadeiro fim: a preocupação com a produção não era mais que uma reserva angustiada; de fato, *a produção estava subordinada às destruições improdutivas.*

Na ordem militar, os recursos disponíveis do mundo das coisas foram destinados em princípio ao crescimento de um império que superava, rumo ao universal, as comunidades fechadas.

Mas a atividade militar não faz mais que querer, para a ordem das coisas *tal como ela é*, a forma e o valor universais.

Enquanto os limites do império não eram atingidos, a produção tinha principalmente a força militar por fim; e, quando esses limites foram atingidos, a força militar foi relegada ao segundo plano. Além disso, à exceção apenas, ou quase, das necessidades da organização racional de um império, no que tange ao uso dos recursos produzidos, a ordem das coisas mantinha na primeira fase, para com a ordem íntima, as relações ambíguas da sociedade arcaica; *a produção permanecia subordinada ao dispêndio improdutivo.*

Atingido o limite do crescimento imperial, a mediação fez intervir relações não menos ambíguas, só que mais complexas. Teoricamente, o uso da produção foi subordinado à moral, mas a moral e o mundo divino se interpenetraram profundamente. O mundo divino tirou sua força de uma negação violenta que ele condenava e permaneceu divino embora se confundisse com o fundamento real da moral, e, portanto, com a ordem das coisas. À contradição aberta do mundo arcaico sucedeu, nessas condições, o acordo aparente entre um primado nominal do divino, que consome a produção, e, recobrindo-o rigorosamente, sem apresentar, em teoria, nenhuma diferença com ele, este primado não menos nominal: a ordem moral, ligada à produção. A ambiguidade da sociedade arcaica se manteve, mas, ao passo que na sociedade arcaica a destruição dos recursos devia favorecer a produção em razão mesmo de seu caráter improdutivo (de seu caráter divino), a sociedade da mediação, atribuindo-se o fim improdutivo da salvação, quis atingi-lo pelo modo das operações produtivas. *A destruição improdutiva guardou de fato,* nessas perspectivas equívocas, *uma parte soberana, mas o princípio da operação produtiva dominou de maneira geral a consciência.*

A partir daí, bastava contestar o valor da operação, na medida em que seu efeito pretendeu se exercer na ordem divina, para chegar ao reinado da operação produtiva autônoma. Os atos deixaram de ter um valor subordinado em relação à intimidade reencontrada (à salvação ou à introdução do esplendor divino neste mundo-aqui). Assim, a via foi aberta para o desenvolvimento indefinido das forças operatórias. A cisão total da ordem íntima e da ordem das coisas teve por efeito *liberar a produção* de sua finalidade arcaica (da destruição improdutiva de seu excedente) e das regras morais da mediação. O excedente da produção pôde ser consagrado ao crescimento do equipamento produtivo, à acumulação capitalista (ou pós-capitalista).

§ 3. O mundo da redução consumada ou o reinado das coisas

A busca milenar pela intimidade perdida é abandonada pela humanidade produtiva, consciente da inutilidade das vias operatórias, mas incapaz de buscar por mais tempo aquilo que não pode ser encontrado pelas únicas vias que lhe pertencem.

Os homens começam a dizer: "Edifiquemos um mundo cujas forças produtivas cresçam cada vez mais. Responderemos cada vez mais a nossas necessidades de produtos materiais."

Logo se torna sensível que, ao tornar-se ele próprio o homem da coisa autônoma, o homem se afasta de si mesmo mais do que nunca. Essa cisão total abandona decididamente sua vida a um movimento que ele não comanda mais, mas cujas consequências, no final, lhe dão medo. Logicamente, esse movimento compromete uma parte importante da produção na instalação de novos equipamentos. Ele suprimiu a possibilidade de um consumo intenso (à altura do volume da produção) do excesso dos recursos produzidos: de fato, os produtos só podem ser consumidos se, na prática, os consumidores aceitam, para obterem o dinheiro necessário, colaborar com a obra comum do desenvolvimento dos meios de produção. Essa obra é o grande negócio e não há nada que lhe seja preferível. Certamente, nada se pode fazer de melhor. Se alguém *faz* alguma coisa, evidentemente isso deve ser participar dela, a menos que se lute para torná-la mais racional (mais eficaz no sentido do desenvolvimento) por meios revolucionários. Mas ninguém contesta o princípio dessa soberania da servidão.

De fato, nada pode ser oposto a ela que a arruíne. Pois não há mais nenhuma das entidades soberanas de outrora que possa se apresentar e dizer soberanamente: "Vós me servireis."

A massa da humanidade deu seu aval à obra industrial, e aquilo que pretende subsistir ao lado dela faz figura de soberano decaído. É claro que a massa da humanidade *tem razão*: comparado ao crescimento industrial, o resto é insignificante. Essa massa decerto se deixou *reduzir à ordem das coisas*. Mas essa redução generalizada, essa perfeita realização da coisa, é a condição necessária à posição consciente e inteiramente desenvolvida do problema da redução do homem à coisa. É somente num mundo onde a coisa reduziu tudo, onde aquilo que lhe foi outrora oposto revela a miséria das posições equívocas – e de inevitáveis deslizamentos – que a intimidade pode se afirmar sem mais compromisso que a coisa. Só o desenvolvimento gigantesco dos meios de produção tem a força de revelar plenamente o sentido da produção, que é o consumo improdutivo das riquezas – o completamento da *consciência de si* nos livres desencadeamentos da ordem íntima. Mas o momento em que a consciência, operando esse retorno sobre si mesma, revela-se ela própria a si mesma e vê a produção votada a seu consumo é precisamente aquele em que o mundo da produção não sabe mais o que fazer de seus produtos.

§ 4. O completamento da consciência clara da coisa ou a ciência

A condição de um completamento da consciência clara de si é a ciência, que é o acabamento de uma consciência clara da ordem real (ou seja, do mundo dos objetos). A ciência está estreitamente ligada à autonomia das coisas. E ela própria não é mais que a autonomia da consciência das coisas. A consciência, ainda que se desviasse da ordem íntima que, no plano do conhecimento, é aquela da mitologia, não podia ser clara consciência dos objetos enquanto estava na dependência de determinações míticas. Na posição primeira, em que a ferramenta ordenava a transcendência do objeto, era apenas sob a forma confusa do espírito que a consciência definia seu objeto. Ela não era, portanto, consciência clara do objeto de uma maneira separada (transcendente): a consciência distinta do objeto ainda não estava desligada do sentimento de si. Na atenção centrada sobre o sacrifício, a consciência estava ao menos separada da consideração da coisa profana, daquela da intimidade do sacrifício, mas estava então inteiramente na angústia, obsedada pelo sentimento obscuro do sagrado. Assim, a consciência clara dos objetos só foi dada na medida em que o essencial da atenção se desviava deles. A importância das formas operatórias e o desenvolvimento das técnicas de fabricação nos movimentos dirigidos para uma organização imperial (universal) trouxeram de volta uma parte da atenção para o mundo das coisas. É na atenção principalmente dirigida para as coisas que a liberdade geral e a contradição dos julgamentos se tornaram possíveis. O pensamento humano escapou das determinações rígidas da ordem mítica e começou a fazer ciência, na qual os objetos são clara e distintamente conhecidos. A clareza precisa foi assim introduzida na consciência e organizou seus modos racionais. Mas, à medida que o instrumento da consciência clara se elaborou, tentou-se utilizá-lo para o conhecimento da ordem íntima. Atribuiu-se dessa maneira um conteúdo híbrido à consciência clara. A ordem íntima, fundamentalmente *irreal*, adaptou suas representações míticas arbitrárias às formas lógicas da consciência dos objetos. Introduziu, a partir de então, em todo o domínio do conhecimento, as decisões soberanas que não exprimem a própria ordem íntima, mas sim os compromissos que lhe permitem permanecer íntima acatando os princípios da ordem real. É apenas na cisão completa entre o íntimo e o real e no mundo da coisa autônoma que a ciência escapou lentamente dos enunciados híbridos da consciência. Mas em seu pleno êxito ela acaba de afastar o homem de si mesmo e realiza na espécie do cientista a redução da vida inteira à ordem real. Assim, o conhecimento e a atividade, desenvolvendo-se conjuntamente sem se subordinarem entre si, culminam na instauração de um mundo e de um homem reais acabados, diante dos quais a ordem íntima não é representada mais que por balbucios prolongados. Esses balbucios têm ainda uma força pouco comum pelo fato de ainda terem a virtude de opor, de modo geral, ao princípio da realidade aquele da intimidade, mas a boa vontade que os acolhe é sempre marcada pela decepção. Como essas vozes parecem moles! Como seus deslizamentos deixam desarmado diante da expressão nítida da realidade! A autoridade e a autenticidade estão inteiramente do lado da coisa, da produção e da consciência da coisa produzida. Todo o resto é mentira e confusão.

Essa situação desigual coloca enfim o problema com nitidez. É faltar à ordem íntima não elevá-la à autenticidade e à autoridade do mundo e do homem reais. Isso supõe precisamente a substituição dos compromissos por uma revelação de seus conteúdos no campo da consciência clara e autônoma ordenada pela ciência. Isso supõe a CONSCIÊNCIA DE SI dirigindo para a intimidade a lâmpada que a consciência elaborou para iluminar os objetos.

§ 5. A consciência de si

A autenticidade de um emprego da ciência elaborada para o conhecimento da ordem íntima exclui em primeiro lugar a possibilidade de dar uma forma científica aos enunciados autônomos dos homens da intimidade. Decerto, há na relação do conhecimento objetivo com a intimidade uma primeira diferença, a de que o objeto sempre pode esperar a luz que o iluminará, ao passo que a intimidade que busca a luz não pode esperar que ela seja projetada corretamente. Se a restituição da ordem íntima se faz no plano da consciência clara, se ela exige a autenticidade e a autoridade da consciência clara, que só ela tem a força de liberar a intimidade dos deslizamentos, ela não poderá se fazer, no entanto, por meio de uma suspensão da existência íntima. E, na medida em que a vontade de consciência clara está em jogo, a intimidade aparecerá imediatamente dada no plano dos conhecimentos distintos. A dificuldade de fazer coincidir o conhecimento distinto e a ordem íntima se deve a seus modos opostos de existência no tempo. A vida divina é imediata, o conhecimento é uma operação que exige a suspensão e a espera. À imediatez no tempo da vida divina respondiam o mito e as formas do pensamento deslizante. Uma experiência íntima pode decerto abandonar o misticismo, mas deve, a cada vez que se dá, ser uma resposta inteira a uma questão total.

Nessas condições, ninguém pode corretamente responder à exigência dada nas formas do conhecimento objetivo senão pela posição do não-saber. Independentemente do fato de que a afirmação de um não-saber fundamental pode ser fundada por outras vias, a consciência clara do que está em jogo liga desde o princípio a vida divina ao reconhecimento de seu caráter obscuro, da noite que ela abre ao conhecimento discursivo. Essa coincidência imediata da consciência clara e do desencadeamento da ordem íntima não é apenas dada na negação dos pressupostos tradicionais, ela implica a hipótese formulada de uma vez por todas: "A intimidade é o limite da consciência clara; a consciência clara não pode conhecer clara e distintamente nada da intimidade, senão as modificações das coisas que lhe estão ligadas." (Nada *conhecemos* da angústia senão na medida em que ela está implicada no fato da *operação impossível*.) A consciência de si escapa assim do dilema da exigência simultânea da imediatez e da operação. A negação imediata desvia a operação para as coisas e, assim, para o domínio da duração.

A fraqueza das posições tradicionais da ordem íntima se situa, na verdade, no fato de que elas sempre a implicaram na operação, seja atribuindo-lhe a virtude operatória, seja buscando atingi-la a partir da operação. O homem, ao colocar sua essência na operação, evidentemente não pode evitar que haja nele alguma ligação entre a operação e a intimidade. De outra forma, seria necessário que ou a intimidade ou a operação fossem suprimidas. Mas tudo o que ele pode fazer é, estando reduzido à coisa pela operação, proceder à *operação contrária*, a uma *redução da redução*.

Em outros termos, a fraqueza das diversas posições religiosas é a de ter acatado a adulteração da ordem das coisas sem ter tentado modificá-la. As religiões da mediação unanimemente deixaram-na como estava, não fazendo mais que lhe opor os limites da moral. Como as religiões arcaicas, elas se propuseram expressamente a conservá-la, nunca a suspendendo senão sob a condição de ter assegurado sua estabilidade. No final, o princípio da realidade triunfou sobre a intimidade.

O que é exigido pela consciência de si não é, para dizer a verdade, a destruição da ordem das coisas. A ordem íntima não pode destruir verdadeiramente a ordem das coisas (da mesma forma, a ordem das coisas nunca destruiu inteiramente a ordem íntima). Mas esse mundo real que atingiu o auge de seu desenvolvimento pode ser destruído, no sentido de que pode ser reduzido à intimidade. Em outras palavras, a consciência não pode fazer com que a intimidade lhe seja redutível, mas ela própria pode retomar, *ao inverso*, suas operações, de maneira que, no limite, estas se anulem e que ela própria se encontre rigorosamente reduzida à intimidade. Evidentemente, essa contraoperação nada tem que se oponha ao movimento da consciência: ela o completa, muito pelo contrário, e ninguém se espantará se reencontrar no final a consciência reduzida àquilo que ela é profundamente – àquilo que inicialmente cada um de nós soube sempre que ela era. Mas só será a consciência clara em certo sentido. Ela só reencontrará a intimidade na noite. Ela terá para isso atingido o mais alto grau de clareza distinta, mas ela completará tão bem a possibilidade do homem ou do ser que reencontrará *distintamente* a noite do animal íntimo no mundo – *onde ela entrará*.

§ 6. A destruição geral das coisas

Por um lado, dispomos inicialmente da consciência clara sob sua forma elaborada. O mundo da produção, a ordem das coisas, atingiu, por outro lado, o ponto de desenvolvimento em que não sabe mais o que fazer de seus produtos. A primeira condição torna a destruição possível, a segunda a torna necessária. Mas isso não pode ser feito no empíreo, ou seja, na irrealidade, onde costuma proceder a atitude religiosa. O momento da decisão, pelo contrário, exige a consideração dos aspectos mais pobres e menos íntimos. É preciso agora descer ao mais baixo do mundo da redução do homem à coisa.

Posso me trancar no meu quarto, e ali buscar o sentido claro e distinto dos objetos que me rodeiam.

Eis minha mesa, minha cadeira, minha cama. Elas estão aí como um efeito do trabalho. Para fazê-las e instalá-las em meu quarto foi preciso renunciar ao interesse do momento presente. Na verdade, eu mesmo tive que trabalhar para pagá-las, ou seja, teoricamente, tive que compensar por um trabalho de igual utilidade o trabalho daqueles que as fizeram ou transportaram. Esses produtos do trabalho me permitem trabalhar, e poderei pagar o trabalho do açougueiro, do padeiro e do camponês que garantirá minha subsistência e a continuação de meu próprio trabalho.

Agora coloco sobre a mesa um copo cheio de vinho.

Fui útil, comprei uma mesa, um copo, etc.

Mas esta mesa não é mais um meio de trabalho: ela me serve para beber vinho.

Na medida em que ponho meu copo sobre a mesa, *eu a destruí* ou, ao menos, destruí o trabalho que foi necessário para fazê-la.

É claro, primeiro destruí inteiramente o trabalho do vinicultor, ao passo que meu ato de beber só numa ínfima medida destruiu o trabalho do marceneiro. Mas, ao menos, esta mesa, neste quarto, pesada de encadeamento ao trabalho, não teve, por algum tempo, outro fim que não meu desencadeamento.

Vou agora recordar o uso que fiz do dinheiro ganho em minha mesa de trabalho.

Se desperdicei uma parte desse dinheiro, uma parte do tempo que o resto me fez viver, a destruição da mesa já está mais avançada.

Tivesse eu, uma única vez, agarrado o instante pelos cabelos, todo o tempo precedente já estaria em poder desse instante agarrado. E todas as subsistências, todas as tarefas que me permitiram chegar a isso são destruídas de chofre, esvaziam-se infinitamente como um rio no oceano desse instante ínfimo.

Não há neste mundo empreendimento algum que, por maior que seja, tenha outro fim além de uma perda definitiva no instante fútil. Assim como o mundo das coisas não é nada no universo supérfluo onde ele se dissolve, assim também a massa dos esforços nada é diante da futilidade de um só instante. É o instante livre e, no entanto, submisso, furtivamente empenhado em miúdas operações pelo medo de deixar *o tempo se perder,* que justifica o valor pejorativo da palavra fútil.

Isso introduz como um fundamento da *consciência clara de si* a consideração dos objetos dissolvidos e destruídos no instante íntimo. É o retorno à situação do animal que come outro, é a negação da diferença entre o objeto e eu mesmo ou a destruição geral dos objetos como tais no campo da consciência. Na medida em que a destruo no campo de minha consciência clara, esta mesa deixa de formar uma tela distinta e opaca entre o mundo e eu. Mas esta mesa não poderia ser destruída no campo de minha consciência se eu não desse a minha destruição suas consequências na ordem real. A redução real da redução da ordem real introduz na ordem econômica uma inversão fundamental. Trata-se, se é preciso preservar o movimento da economia, de determinar o ponto em que a produção excedente fluirá como um rio *para fora.* Trata-se de consumir – ou de destruir – infinitamente os objetos produzidos. Isso também poderia ser feito sem a menor *consciência.* Mas será na medida em que a consciência clara triunfar que os objetos efetivamente destruídos não destruirão os próprios homens. A destruição do sujeito como indivíduo está de fato implicada na destruição do objeto como tal, mas a guerra não é sua forma inevitável: não é, de qualquer jeito, sua forma consciente (ao menos se a consciência de si deve ser, no sentido geral, humana).

Para quem...

A posição de uma atitude religiosa que resultaria da consciência clara, e que excluiria, senão a forma extática da religião, ao menos sua forma mística, difere profundamente das tentativas de fusão que preocupam espíritos ciosos de remediar a fraqueza das posições religiosas dada no mundo presente.

Aqueles que se apavoram com a discordância dos sentimentos no mundo religioso, que procuram a ligação entre as diferentes disciplinas, e querem resolutamente negar aquilo que opõe o saniássin ao prelado romano, ou o sufi ao pastor kierkegaardiano, acabam de emascular – de ambas as partes – aquilo que já procede de um compromisso da ordem íntima com a ordem das coisas. O espírito mais afastado da virilidade necessária para unir a *violência* e a *consciência* é o espírito da "síntese". A preocupação de fazer a soma daquilo que foi revelado por possibilidades religiosas separadas e fazer de seu conteúdo comum o princípio de uma vida humana elevada à universalidade parece inatacável a despeito de seus resultados sem sabor, mas, *para quem a vida humana é uma experiência a ser levada o mais longe possível*, a *suma universal* é necessariamente aquela da sensibilidade religiosa no tempo. Essa clara revelação de uma degradação de todo o mundo religioso vivo (acusada nessas formas sintéticas que abandonam a estreiteza de uma tradição) não estava dada na medida em que as manifestações arcaicas do sentimento religioso nos apareciam independentemente de sua significação, como hieróglifos de que só a decifração formal teria sido possível; mas, se essa significação é dada, se, em particular, a conduta do sacrifício, a menos clara, porém a mais divina e a mais comum, deixa de estar fechada para nós, a totalidade da experiência humana nos é restituída. E se nos elevamos pessoalmente aos mais altos graus da consciência clara, não está mais em nós a coisa subjugada, e sim o *soberano* cuja presença no mundo, dos pés à cabeça, da animalidade à ciência e da ferramenta arcaica ao não-sentido da poesia, é aquela da universal humanidade. Soberania designa o movimento de violência livre e interiormente dilacerante que anima a totalidade, dissolve-se em lágrimas, em êxtase e em gargalhadas e revela o impossível no riso, no êxtase ou nas lágrimas. Mas o impossível assim revelado não é mais uma posição deslizante, é a soberana consciência de si que, precisamente, não se desvia mais de si.

PARA QUEM A VIDA HUMANA É UMA EXPERIÊNCIA A SER
LEVADA O MAIS LONGE POSSÍVEL...

*Não quis exprimir meu pensamento, mas te ajudar a liberar
da indistinção aquilo que tu mesmo pensas...*

*Não diferes mais de mim que tua perna direita da esquerda,
mas o que nos une é* O SONO DA RAZÃO – QUE ENGENDRA
MONSTROS.

Quadro geral e referências

Acho que devo oferecer um quadro que permita perceber num mesmo tempo o desenvolvimento das possibilidades sucessivas, ao modo das perspectivas visuais. Essa figura insiste num caráter dialético do desenvolvimento cujas fases vão de oposição em oposição e da estagnação ao movimento. Mas ela oferece, sobretudo, a vantagem de ser clara.

Infelizmente, essa clareza não deixa de ter inconvenientes.

Ela tende a privar minha exposição de uma virtude a que ela deve pretender.

Na medida do possível, fiz questão de apresentar o movimento lógico que precede sob a forma que teria no último estado da consciência, ou seja, liberado de uma elaboração das formas históricas ou etnográficas. Assim, excluí dele a discussão e as referências. Queria ainda menos ligar esses desenvolvimentos à análise das realidades particulares na medida em que eles são expressamente estranhos a elas: essas realidades, por definição, correspondem de uma maneira caprichosa, e sempre imperfeita, à necessidade que esses desenvolvimentos exprimem. Em última instância, essa necessidade pode ter agido sem reserva sem jamais ter sido inevitável num momento preciso. Formas apresentadas por mim como solidárias podem ter se desenvolvido às vezes uma após a outra. Por outro lado, tive que articular as etapas de um movimento como se tivesse havido descontinuidade, ao passo que a continuidade é a regra e que as formas de transição têm na história um lugar considerável. As formas híbridas, resultantes dos contatos no tempo de civilizações muito diferentes, igualmente introduzem a confusão. Finalmente, é claro que condições regularmente dadas numa etapa qualquer podem voltar a ser encontradas e a agir numa etapa ulterior.

Evidentemente, essa aparente desenvoltura não se opõe de modo algum a discussões possíveis e, mais exatamente, necessárias. Repito que se trata de um trabalho longe de estar acabado. E, precisamente, o trabalho acabado, se é possível, deveria resultar de discussões eventuais. É um erro comum de perspectiva que liga a contestação de um ponto particular à contestação da solidez do conjunto esboçado. Esse conjunto é ele mesmo o resultado de minhas próprias contestações e não há uma delas que não o tenha enriquecido, embora, para além de certo ponto, eu jamais tenha tido que mudá-lo sensivelmente. Uma vez dada a coesão geral, uma contradição justificada não é o ataque que o contraditor facilmente imagina, é uma ajuda. (Fico feliz em citar como exemplo as intervenções amigáveis de Mircea Eliade: foi uma delas, em particular, que me permitiu situar o "Ser supremo" no mundo dos espíritos.) Se é verdade que uma coesão deve necessariamente se afastar dos dados caprichosos do mundo histórico, não há um só desses dados que não seja preciso tentar reduzir ao conjunto, e é apenas na medida em que o conjunto tiver sido polido por essas reduções que ele poderá facilmente revelar a outros os conteúdos de seu próprio pensamento.

Gostaria de ajudar meus semelhantes a se acostumarem à ideia de um movimento *aberto* da reflexão. Esse movimento nada tem a dissimular, nada a temer. É verdade que os resultados do pensamento estão bizarramente ligados a provas de rivalidade. Ninguém pode separar inteiramente aquilo que pensa da autoridade real que terá sua expressão. E a autoridade se adquire por meio de jogos cujas regras tradicionais, um pouco arbitrárias, levam aquele que se exprime a dar de seu pensamento a ideia de uma operação sem falhas e definitiva. É uma comédia bastante desculpável, mas ela isola o pensamento em pavoneamentos que nada mais têm a ver com uma atitude real, necessariamente dolorosa e aberta, sempre em busca de ajuda e nunca de admiração.

Essa justificação do método seguido não poderia me impedir de perceber seus verdadeiros inconvenientes, que dizem respeito à inteligibilidade. Embora representações só adquiram seu sentido pleno a partir do momento em que se desprendem de realidades a que se referem (sem ser positivamente fundadas sobre tais dentre elas), não se pode entendê-las completamente se elas não permitem esclarecer em geral as formas históricas. Esse esquema, que devia evitar sistematicamente referências precisas, também devia ser seguido de uma elucidação da história à luz de suas figuras.

Vou me limitar, no entanto, a dar um exemplo escolhido com a intenção de mostrar de modo geral a liberdade necessária a esse modo de interpretação.

Não é inútil precisar aqui que o islã não pode ser considerado em seu conjunto como uma forma correspondente a uma única das definições dadas. O islã é desde o princípio uma ordem militar, limitando mesmo com mais rigor do que outras ordens as atividades que não têm por fim a força e a conquista militar. Mas ele apresenta estas particularidades: passa de uma maneira súbita e descontínua da civilização arcaica perdulária à militar: além disso, não realiza todas as possibilidades desta, pois conhece *ao mesmo tempo*, sob uma forma em certo sentido abreviada, o desenvolvimento de uma economia de salvação. Ele não tem, portanto, em sua primeira fase, nem todas as características da ordem militar, nem todas as características da economia de salvação. Por um lado, é estranho ao desenvolvimento autônomo da consciência clara ou da filosofia (contudo, pela iconoclastia oposta ao hieratismo bizantino, ele leva a redução das formas da arte à razão mais longe do que a ordem militar clássica). Por outro, prescinde de mediação e mantém uma transcendência do mundo divino, que corresponde ao princípio do tipo militar de uma violência voltada para fora. Mas aquilo que é verdade para o islã primitivo não o é para o islã tardio. *Desde que o império muçulmano atingiu os limites de crescimento,* o islã passou a ser uma perfeita economia de salvação. Simplesmente, ele teve formas de mediação menos acentuadas e menos patéticas que o cristianismo. Mas conheceu, como o cristianismo, uma vida espiritual dispendiosa. O misticismo e o monaquismo se desenvolveram, as artes se mantiveram em princípio nos limites da iconoclastia, mas escaparam de todos os modos da simplificação racional. O islã, graças a um papel relativamente fraco da violência interna, é mesmo, das diversas economias de salvação, a mais estável, aquela que melhor assegura a estabilidade de uma sociedade.

Essa espécie de aplicação de um método queria mostrar, por um lado, a distância que separa da realidade as figuras de um esquema, por outro, a possibilidade de reduzi-la a posteriori.

As referências a seguir se mantêm na mesma reserva. Mas como essas aplicações, elas são de natureza a situar uma construção um tanto bizarramente separada de seus fundamentos. Mantendo o caráter liberado de minhas exposições, parece-me possível, ou, querendo, necessário, *a posteriori*, ligá-las de modo geral a algumas de suas origens. Faço-o sob a forma de referências a escritos cujos autores se dirigiram de algum modo às concepções precisas dessa "teoria", ou cujos conteúdos fornecem pontos de referência que guiaram meu percurso.

Quero oferecê-las numa sucessão casual, seguindo a ordem alfabética dos sobrenomes dos autores.

GEORGES DUMÉZIL. *Mitra-Varuna*. 2ᵉ éd. Gallimard, 1948. [Não há edição em língua portuguesa. A primeira edição francesa é de 1940.]

As interpretações da mitologia indo-europeia elaboradas nos admiráveis trabalhos de Georges Dumézil, em particular as oferecidas neste livro – depois de *Ouranos-Varuna* (1931) e *Flamine-Brahmane* (1933) –, correspondem à construção que desenvolvi: as teses, as antíteses e as sínteses conscientemente hegelianas de Georges Dumézil explicitam a oposição da violência pura (do lado negro e nefasto do mundo divino – Varuna e os gandharvas, Rômulo e os lupercos) à ordem divina que se harmoniza com a atividade profana (Mitra e os brâmanes, Numa, *Dius Fidus* e os flâmines), e sua resolução na violência exterior e eficaz de uma ordem militar humana e racional.

ÉMILE DURKHEIM. *Les formes élémentaires de la vie religieuse*. 2ᵉ éd. Alcan, 1925. [Edição brasileira: *As formas elementares da vida religiosa – O sistema totêmico na Austrália*. Tradução de Paulo Neves. São Paulo: Martins Fontes, 2000. A primeira edição francesa é de 1912.]

Émile Durkheim me parece hoje injustamente desacreditado. Afasto-me de sua doutrina, mas não sem manter o essencial dela.

ALEXANDRE KOJÈVE. *Introduction à la lecture de Hegel*. Gallimard, 1947. [Edição brasileira: *Introdução à leitura de Hegel*. Tradução de Estela dos Santos Abreu. Rio de Janeiro: Contraponto/EDUERJ, 2002.]

Esse livro é uma explicação da *Fenomenologia do espírito* de Hegel. As ideias que desenvolvi aqui, em substância, se encontram nele. Faltaria precisar as correspondências entre a análise hegeliana e esta "teoria da religião": as diferenças entre ambas as representações me parecem facilmente redutíveis; a principal delas diz respeito à concepção que postula a destruição do sujeito como a condição – necessariamente irrealizável – de sua adequação ao objeto; decerto, desde o princípio, isso implica um estado de espírito radicalmente contrário à "satisfação" hegeliana, mas os contrários aqui coincidem (apenas coincidem, e a oposição em que coincidem não pode desta vez ser superada por nenhuma síntese: há identidade do ser particular e do universal, e o universal só é verdadeiramente dado na mediação da particularidade, mas a dissolução do indivíduo no inindividual não supera a dor (ou a alegria dolorosa) senão na morte, ou no estado de ataraxia – comparável à morte – da satisfação completa; daí a manutenção da dissolução no nível anterior do êxtase, que não é dissolução...). Tendo me apoiado aqui no trabalho de Alexandre Kojève, preciso insistir num ponto: qualquer que seja a opinião que se tenha sobre a exatidão de sua interpretação de Hegel (e acredito dever atribuir às críticas possíveis sobre esse ponto não mais que um valor limitado), essa *Introdução*, relativamente acessível, é não apenas o instrumento primordial da *consciência de si*, mas o único meio de considerar os diversos aspectos da vida humana – em particular os aspectos políticos – de uma maneira diferente daquela como uma criança considera atos de adultos. Ninguém poderia hoje pretender à cultura sem ter assimilado seus conteúdos. (Faço questão ainda de sublinhar aqui o fato de que a interpretação de Alexandre Kojève não se afasta de modo algum do marxismo: da mesma forma, é fácil perceber que a presente "teoria" está sempre rigorosamente fundada na análise da economia.)

SYLVAIN LÉVI. *La doctrine du sacrifice dans les brahmanas*. [Não há edição em língua portuguesa de "A doutrina do sacrifício entre os brâmanes". A primeira edição francesa é de 1898.]

A interpretação do sacrifício é o fundamento da "consciência de si". O livro de Sylvain Lévi é uma das peças essenciais dessa interpretação.

MARCEL MAUSS. *Essai sur la nature et la fonction du sacrifice.*

MARCEL MAUSS. *Essai sur le don*. [Bataille não menciona que o "Ensaio sobre a natureza e a função do sacrifício" (1899) foi escrito em parceria com Henri Hubert. Edições brasileiras: *Sobre o sacrifício*. Tradução de Paulo Neves. São Paulo: Cosac Naify, 2005; *Ensaio sobre a dádiva* (1925). Tradução de Paulo Neves. São Paulo: Cosac Naify, 2013.]

O primeiro desses textos é a elaboração magistral dos dados históricos sobre o sacrifício antigo. O segundo é a base de toda a compreensão da economia como ligada a formas de destruição do excedente da atividade produtiva.

SIMONE PÈTREMENT. *Le dualisme dans l'histoire de la philosophie et des religions.* Gallimard, 1946. [Não há edição em língua portuguesa. A tradução do título completo do livro seria: "O dualismo na história da filosofia e das religiões. Introdução ao estudo do dualismo platônico, do gnosticismo e do maniqueísmo".]

Simone Pètrement, cuja posição moral é a dos antigos gnósticos, apresenta com notável clareza nesse pequeno livro a questão da história do dualismo. Foi a partir de seus dados que analisei a transição do dualismo arcaico ao dualismo espírito-matéria, ou melhor, transcendência-mundo sensível, o único considerado pela autora.

BERNARDINO DE SAHAGÚN. *Histoire de la Nouvelle-Espagne.* [Não há edição em língua portuguesa. A *Historia general de las cosas de la Nueva España*, composta por Sahagún ao longo do século XVI, pode ser lida no site da World Digital Library.]

A investigação desse monge espanhol sobre o estado do México anterior à Conquista, especialmente sobre os sacrifícios humanos celebrados em grande número nos templos do México, foi conduzida com astecas que tinham sido testemunhas deles. É o documento mais autorizado e mais detalhado que temos sobre os aspectos terríveis do sacrifício. É necessário rejeitar as representações do homem ou da religião que deixam suas formas agudas na sombra de uma pretensa monstruosidade. Só uma imagem que transparece através delas está à altura dos movimentos íntimos de que a consciência se desvia, mas que, no final, ela deve reencontrar.

R.-H. TAWNEY. *Religion and the Rise of Capitalism,* New York. [Não há edição em língua portuguesa de "A religião e a ascensão do capitalismo". A edição original é de 1926.]

As análises desse livro, fundadas numa extensa informação, mostram a importância da disjunção clara entre o mundo profano e o mundo sagrado na origem do capitalismo. O protestantismo introduziu a possibilidade dessa disjunção ao negar o valor religioso das obras: o mundo das formas operatórias da atividade econômica recebeu daí – mas a longo prazo – uma autonomia que permitiu o crescimento da acumulação industrial.

MAX WEBER. *Die Protestantiche Ethik und der Geist des Kapitalismus.* [Edição brasileira: *A ética protestante e o espírito do capitalismo.* Tradução de José Marcos Mariani de Macedo. Edição de Antônio Flávio Pierucci. São Paulo: Companhia das Letras, 2007. A edição original alemã foi publicada em dois volumes, em 1904 e 1905.]

O célebre estudo de Max Weber ligou pela primeira vez com precisão a própria possibilidade da acumulação (do emprego das riquezas para o desenvolvimento das forças de produção) à posição de um mundo divino sem relação concebível com o aqui-embaixo, onde a forma operatória (o cálculo, o egoísmo) separa radicalmente da ordem divina o consumo glorioso das riquezas. Max Weber, mais do que Tawney, insistiu na mudança decisiva introduzida pela Reforma, que tornou a acumulação possível na base ao negar o valor das obras e condenar o gasto improdutivo.[10]

Notas

[1] [N.T.] Bataille joga aqui com a expressão francesa *lâcher la proie pour l'ombre*, largar a presa e agarrar sua sombra, tomar a nuvem por Juno, comprar gato por lebre...

[2] [N.E.F.] Esquema, *na folha de rosto:*

Prefácio

a) caráter atual (universal)

b) caráter de *experiência pessoal*

c) definição de um ponto da possibilidade   nenhuma separação
onde tudo coincide (ver L'Échéance*)   há a economia e a guerra

* [N.T.]*"O calhar", provavelmente o capítulo de* O culpado *assim intitulado.*
Em seguida:

Introdução

a) Essa "teoria da religião" é um esboço.
Representei uma possibilidade *móvel*, sem buscar o estado *definitivo* de um problema. Quis exprimir meu pensamento sem esperar, antes mesmo de tê-lo levado ao ponto de maturidade. Nesse sentido, permiti-me, em geral, nos meus livros, uma liberdade inabitual. E frequentemente dei ensejo à confusão. Só o lamento na medida em que efetivamente introduzi confusões, mas ignoro como poderia ter evitado isso e quero manter para com esse método uma fidelidade pontual**. Talvez se dê na filosofia o mesmo que na pintura. Chega o momento em que o esforço do pintor, sob a forma do esboço, adquire mais importância e parece ter mais interesse que o quadro acabado.
Não quero atrair desse modo a atenção para o trabalho do pensamento (em detrimento dos resultados), mas está na natureza da filosofia nunca ser terminada, e o trabalho do espírito deliberadamente oferecido sob uma forma inacabada, embora

meio falha, talvez até responda melhor ao caráter necessariamente coletivo do esforço filosófico a que a existência humana está ligada.

Penso que uma filosofia é uma soma coerente ou não é nada, mas já que é o feito de um indivíduo e não da humanidade, ela deve manter uma abertura àquilo que se seguirá, em primeiro lugar ao pensamento ulterior do indivíduo que sou, a seguir ao de outros indivíduos. Ela não é mais que um canteiro de obras; seria vão tomá-la por uma casa. (Esse canteiro, contudo, difere profundamente daquele que a ciência deliberadamente é: a ciência pode reconhecer sem problema um caráter inacabado, o inacabamento da filosofia é um momento de suicídio do pensamento, sua abertura é um ponto cego; ela não pode, num sentido mais longínquo, culminar plenamente na morte cega, no silêncio seu inacabamento, ao menos, é a afirmação silenciosa de um direito – ao silêncio, à morte, talvez mesmo a uma insignificância mais profunda.)

b) De uma reserva importante a respeito do método seguido.

Nesse esquema apressadamente traçado, sequer pude chegar a precisar a terminologia, e reconheço que se trata desta vez de um inconveniente sem contrapartida (senão a possibilidade de uma publicação rápida).

Dificilmente se pode dizer a respeito de uma terminologia ainda imprecisa aquilo que eu disse de um pensamento filosófico que, sem estar acabado, tira uma parte de seu valor de seu inacabamento...

c) Devo ainda oferecer aqui, na introdução, o princípio geral da exposição.

Represento formas historicamente determinadas (como o "sacrifício", o "capitalismo") exteriormente à sucessão histórica dos fatos.

Considero a ordem lógica e não a sucessão cronológica. Assim como na *Fenomenologia do espírito*, a história propriamente dita é deixada de fora: aparentemente, a história nunca correspondeu senão de má vontade às exigências de que ela é o efeito; suas idas e vindas talvez tenham se assemelhado aos vaivéns de um cachorro no campo.

Se, não obstante, começo pela animalidade, demonstro bem que segui, no conjunto, um acontecimento que se desenrolou na sucessão do tempo.

antípodas do existencialismo: o grito do deserto do sujeito não é mais que um momento

hagiologia – ateologia   Heidegger e Hegel teólogos

remeter ao artigo sobre o existencialismo ["*Critique*" *19 e 21, dez. 1947 e fev. 1948****]

Deve haver uma coerência, mas tudo deve ser *recomeçado*.

** *À margem deste parágrafo:* falar aqui de Eliade.

*** [N.T.] *Trata-se do artigo "Do existencialismo ao primado da economia".*

[3] [N.T.] Como as notas do editor francês deixam claro, Bataille se refere ao existencialismo.

[4] [N.E.F.] *Em B, na sequência (nota manuscrita):* Citar em nota o arrependimento de Sartre em *Saint Genet*.

Bataille consagrou ao Saint Genet *de Sartre um importante estudo (Critique 65 e 66, out.-nov. 1953) retomado em* A literatura e o mal.

[5] [N.T.] Pelo itálico (do autor), pelo contexto, e pelos outros usos que Bataille faz do verbo *réaliser* em sua obra, arriscaria aventar que ele joga aqui, ao mesmo tempo,

com a tradução dos verbos "hegelianos" *realisieren* e *verwirklichen* e com o anglicismo *réaliser* no sentido de *to realize*, dar-se conta.

[6] [N.E.F.] *Em A (onde o parágrafo precedente não está marcado), na sequência:*

§ 2. O animal está no mundo como a água na água

Nada é distinto para o animal. Ele tem diferentes condutas seguindo as diferentes situações...

Em C, essas primeiras páginas se leem:

[...] *Essa situação é dada quando um animal come outro.*

Há uma superioridade de fato do carnívoro sobre a presa de que ele se alimenta. Não obstante, o animal comido não é o subordinado, não é o inferior daquele que o come. Os dois animais permanecem semelhantes; se um está acima do outro, é porque suas forças diferem quantitativamente. Mas nenhum animal olha para outro do mesmo jeito que um branco olha para um negro ou um homem honesto para um condenado de direito comum. A ideia que o branco tem de si mesmo transcende aquela que ele faz do negro; da mesma forma, a ideia que o homem honesto tem de si mesmo transcende aquela que ele faz do condenado. Mas, se come outro, o animal não introduz entre si mesmo e esse outro nenhuma distância a partir da qual seria possível falar de transcendência. Ele come o outro, mas nenhuma afirmação de superioridade decorre dessa diferença. Se trata o outro como alimento, faz dele efetivamente uma coisa, mas não pode se opor a essa coisa que come. Ele não *nega*, ele *ignora* que essa coisa foi semelhante ao ser que ele é intimamente. Da mesma forma, ele não sabe que fez do animal morto um objeto. É somente na medida em que somos humanos que o objeto, a presa comestível, é apreendido como uma coisa bastante durável, tendo um lugar em certos locais apropriados e disponível à nossa escolha. É a partir de então que podemos dizer desse objeto que ele nos transcende ou, se quisermos, que nós o transcendemos. Mas o animal ignora a possibilidade de opor o que ele não é àquilo que ele é. Ele é, no mundo, *imanente*: isso quer dizer exatamente que nesse mundo ele flui, e que o mundo flui nele. O leão não é o rei dos animais, é apenas, no movimento das águas, uma onda mais alta, que derruba as outras mais fracas. Que um animal seja o mais forte e coma o outro não modifica uma situação fundamental: cada animal está no mundo como a água que flui no interior da água.

§2. A dependência e a solidão do animal

É verdade que o fluxo não ocorre. Esse leão que se esforça, ao contrário, por durar tem mesmo medo de não durar, mas admite essa situação, suporta-a ou a tolera sem assumi-la. Ele flui, no entanto, na medida em que ela lhe escapa. Nunca ele é realmente diferente da água ou do ar que são sem nunca terem necessidade de nada de outro, de nenhuma outra partícula fluindo no mundo do mesmo jeito que eles próprios fluem. A água e o ar permanecem em estado de perfeita imanência: nunca nenhuma necessidade se impõe e, de modo mais geral, nunca nada importa na relação imanente de uma partícula com uma outra e com as outras. A imanência de um organismo vivo no mundo é bem diferente: o organismo está em busca de elementos determinados com os quais deve estabelecer laços de imanência. Ele já não é exatamente o que é a água que flui. Ou antes, ele só o é sob a condição de *se alimentar*. Senão, definha e morre. O fluxo do fora para o dentro, do dentro para o fora, que é a vida orgânica, na medida em que se isolou do fluxo indiferenciado, se submete, para durar em sua relativa solidão, a condições determinadas. Ele está ali se esforçando não tanto para durar quanto para aumentar em si mesmo o volume ou a intensidade do que ele é, de um fluxo isolado no seio do mundo, mas constituindo para si próprio o mundo exatamente como se nada existisse fora dele. Ele não busca durar, mas tende desde sempre para a possibilidade da autonomia. Nessa tentativa de desenvolvimento ilimitado, ele não experimenta apenas uma resistência do fora. É-lhe difícil encontrar e reduzir a si mesmo, por meio de uma absorção incessante, tudo aquilo que pode aumentá-lo. Ele não pode, contudo, deixar de fluir no seio de um mundo do qual se quis isolado. O movimento que o constitui é sempre duplo, sempre ele se opõe a si mesmo dividindo-se, como se não tivesse querido se isolar e crescer senão para melhor prodigar aquilo que adquiriu, perdê-lo e finalmente perder-se inteiramente.

Posso, portanto, à primeira vista, distinguir nesse movimento contraditório a um só tempo a vontade de transcendência, negando esse isolamento que se faz, mas no isolamento mais fechado, e a vontade oposta de imanência, em que o círculo volta a se abrir e em que o isolamento não é mais que um engodo. Mas essa contradição só é verdadeiramente dada na existência humana, na medida em que a transcendência deve ser bem definida antes que a inanidade apareça. O isolamento do animal nunca se desprende a ponto de poder ser apreendido: o tempo de parada não lhe é dado, tempo este que constitui a transcendência e permite, por um instante, esquecer a torrente em que ela vai mergulhar. Jamais, na animalidade, podemos perder de vista a soberania da imanência.

§ 3. A mentira poética do animal

Nada, para dizer a verdade...

[7] [N.E.F.] *Em C:* já que *figurar-se*, já que *nós*, implicam necessariamente seres não sendo coisas e refletindo-as. Esses seres decerto morrem, a vida poderia cessar de infestar o universo enfim nu, onde restariam apenas coisas. Justamente essa representação de uma total ausência de representação se dá por um saber sem ser um: o que são, com efeito, os objetos que pretendem fazer de uma ausência de saber um saber, senão objetos representados? Eles são dados *na consciência*, senão, falta-lhes aquilo mesmo sem o quê não seriam o que são. Exprimo uma verdade grosseira, mas a vida animal, a meio caminho de nossa consciência, propõe-nos um enigma mais embaraçoso. Se imagino esse universo sem o homem, onde o olhar do animal seria o único a se abrir diante das coisas, um animal não é nem a coisa nem o homem e a representação que suscito é também uma ausência de representação. Todavia, um deslizamento é possível a partir do animal, indo das coisas desprovidas de sentido se estão sozinhas no mundo cheio de sentido ordenado pelo homem que se serve delas ou compara àquelas que emprega aquelas que não lhe são de nenhum uso. Mesmo no seio da humanidade, muitos homens, além das crianças, não atingem os sentidos definidos sem os quais não poderia ser questão de nosso mundo, tendo sua coesão no saber que o representa. O deslizamento de que falei, que vai das coisas sozinhas às coisas conhecidas, não poderia, portanto,

ser rejeitado de maneira alguma, mas é nele que aparece o animal: isso nunca esqueço se falo dele.

Desde o princípio, na diferença entre o animal e eu, o incognoscível se mistura ao que conheço: conheço minha consciência, mas somente na medida em que um objeto ou objetos conhecidos lhe são dados. Não quero dizer: não há consciência sem um objeto. Se essa proposição é justificada, seu alcance é bem pequeno: isso significa que a consciência se revela em primeiro lugar, para si mesma, como consciência de um objeto, ou melhor, que a consciência nunca *revela* senão objetos. Isso quer mesmo dizer, no final, que só há conhecimento de objetos e que a consciência que conhece não *se* conheceria se não conhecesse primeiro o objeto, depois a si própria de fora, isoladamente apreendida como um objeto, e então esse objeto como outra coisa que não um objeto. Mas a consciência objeto e não objeto de que falo é minha consciência na medida em que a humanidade me determina. Se me aproximo do animal vendo que fora do objeto que ele é para mim uma existência outra que não a de objeto se encontra nele como em mim mesmo (não quero me estender aqui sobre isso, mas aqueles de meus leitores que se deixam deter por argúcias fariam melhor em fechar o livro: falo daquilo que solicita uma atenção apaixonada)

(C termina nesse parêntese.)

[8] [N.E.F.] *Em A (onde o parágrafo precedente não está marcado):* a transcendência da flecha. No limite, os sujeitos-objetos assim colocados não diferem em nada daquele que os coloca: supõe-se que ajam, pensem e falem como ele.

§ 3. O Ser supremo

Em particular, o mundo como totalidade pode ser tido, entre os outros, por uma entidade dotada ao mesmo tempo de subjetividade e de objetividade. Da objetividade, ele extrai um caráter individual e uma potência criadora. Guarda, é claro, a natureza da subjetividade imanente e é por isso que é *divino*, mas não o é desde o princípio em todos os sentidos da palavra. É somente em face de um mundo da objetividade, quando a objetividade se constituir verdadeiramente como um *mundo*, que ele terá plenamente o sentido divino. Se o mundo é ainda a imanência mesma, a posição de um "ser supremo" que é um objeto se apresenta de início como uma limitação. Em certo sentido, o "ser supremo" tem o maior valor desde o início, e a atribuição à imensidão imanente da individualidade e da potência operatória não é, desde o momento em que existem sujeitos-objetos, mais que um meio de lhe dar toda a importância e todo o valor concebíveis. Mas, fatalmente, esse desejo de aumentar tem por consequência uma diminuição. A individualidade objetiva da imensidão imanente a situa *dentro* do mundo *ao lado* de outras individualidades de que ela se torna a partir de então distinta, mas que têm a mesma natureza que ela. Os homens, os animais, as plantas e os meteoros... não são mais um *continuum* cuja exposição geral, a totalidade, teria recebido o nome de "ser supremo". Mas uns e outros estão *dentro* do mundo, e são igualmente descontínuos. Sem dúvida, em certo sentido, não pode haver entre eles igualdade. O "ser supremo", em princípio, tem a dignidade dominante. Mas como criador *distinto* do mundo, como individualidade *dentro* do mundo, ele se alinha num outro sentido em pé de igualdade com o conjunto das existências individuais que como ele participam da imanência, dotadas como ele da potência operatória, falando a mesma linguagem que ele.

§ 4. Os espíritos e os deuses

A igualdade e a desigualdade dessas diferentes existências...

[9] [N.T.] Em francês, *lever et préserver*: tradução do verbo "hegeliano" *aufheben* que "encarna" o movimento da dialética. Mais adiante Bataille utiliza a variante *lever et conserver*.

[10] [N.E.F.] *A fornecia ainda as referências seguintes:*

MAURICE BLANCHOT
Essa extraordinária análise do pensamento de Sade★★★★ – que representa um momento extremo da consciência de si se fazendo – está na base da dialética do animal que come e do animal comido, que culmina, na última fase, na destruição do objeto e do sujeito. Destaco esta frase:

JAMES FRAZER. *Le Rameau d'or.* [Edição brasileira: O ramo de ouro. Tradução de Waltensir Dutra. Rio de Janeiro: Jorge Zahar, 1982.]

ROBERT HERTZ. *La Prééminence de la main droite. Étude sur la polarité religieuse.* Dans *Revue philosophique*, 1909, I, p. 559. [Edição brasileira: "A proeminência da mão direita: um estudo sobre a polaridade religiosa". Tradução de Alba Zaluar In: *Religião e Sociedade*, n. 06, 1980.]

SPENCER ET GILLEN. *Tribes of Central Australia.* [Não há edição em português. A edição original é esta: Spencer, W. e Gillen, F. J. *The Native Tribes of Central Australia* [As tribos nativas da Austrália Central]. Londres: McMillan, 1899.]

W. ROBERTSON SMITH. *Lectures on the Religion of the Semites. First Series: The Fundamental Institution.* Édimbourg, 1889. ["Preleções sobre a religião dos semitas". Não há edição em português.]

★★★★ Trata-se do artigo "À la rencontre de Sade" [Ao encontro de Sade] (*Les Temps modernes*, 25, out. 1947) – retomado em *Lautréamont et Sade,* Éditions de Minuit, 1949. [Edição brasileira: *Lautréamont e Sade.* Tradução de Eclair Antonio Almeida Filho. São Paulo: Lumme, 2014.]

Esquema de uma história das religiões

Nota do editor francês

Essa conferência no Collège Philosophique parece ter sido presidida, na ausência de Jean Wahl, por Eric Weil. Fornecemos como complemento estas notas para a conferência "Ao que nos leva nossa vontade de governo mundial?" (Club maintenant 22 fev. 1949), conferência que remete ao artigo publicado na revista Critique *(n. 33, fev. 1949, p. 175-178): "Visão de conjunto, O governo do mundo":*

O espírito passa por uma dura prova.

Quanto mais uma proposta é digna de interesse, menos ela tem sentido político.

De fato, não se pode imaginar proposta mais justificada, mas ao mesmo tempo mais frágil, mais inoportuna, mais impolítica que uma proposta de governo do mundo.

Mas o que significaria o fato de pretensos "bons espíritos" triunfarem sobre a realidade política?

É difícil fiar-se na realidade política, mas, enfim, trata-se de algo mais sério que um simples sonho. Poderíamos dar atenção a isso. Situação irritante – cômica – um pouco mais.

Princípio.

Não quero prejulgar as intenções daqueles que tentam hoje um movimento no sentido do governo do mundo. Nem introduzir um ceticismo. Quero falar com simplicidade, com seriedade.

Existe uma consciência da humanidade como um universo, essa consciência é consciência ao mesmo tempo de uma fraqueza e de uma força. Se fosse somente consciência de uma força, ela afundaria na impotência.

Consciência de fraqueza no ceticismo.

Suponhamos o problema resolvido, o movimento ganhando uma consistência mais tarde. Pois bem, isso suporia que, no meio tempo, tivesse havido uma fase de transição, em que os problemas específicos tivessem sido definidos na ordem da realidade política, onde as transformações reais começam.

Supondo-se que esse movimento deva viver, é preciso ligá-lo à definição dos problemas colocados na ordem da realidade política.

Poderíamos entender por isso duas coisas diferentes:

a) formação de uma força influente;

b) busca dos pontos de aplicação dessa força.

Postular como princípio: antes de fazer uma ferramenta, saber para que a ferramenta servirá (esse não é necessariamente o método certo).

a) A questão a resolver: o uso das riquezas: ou crescimento, ou guerra, ou resolução do problema do uso. Inútil agir sobre os governos, acima deles, como sobre uma turma de crianças turbulentas, de fora, sem entender nada, com punições, etc. – é preciso saber o que as crianças querem.

b) Como se coloca o problema. É o problema que temos que resolver a cada momento: o emprego do tempo. Posição do capital. Posição do Estado.

O ponto de vista do dirigente e do dirigido. Absurdez do ponto de vista do dirigido. Absurdez do ponto de vista do dirigente.

c) O dirigente é, por essência, aquele que não tem e não pode ter consciência: ele é a negação daquilo que é

sua subordinação ao crescimento

o dirigente é o servilismo

a subordinação

o dirigido, pelo contrário, é a comum humanidade que sofre a direção e a discute: é ele que pode ter consciência (e é preciso acrescentar que ele só pode tomar consciência sob a condição de não assumir a direção).

O paradoxo:

Caso se queira governar o mundo, é preciso renunciar a governá-lo: o desgoverno do mundo

proposta de literato bêbado:

vício
bebedeira
literatura: contra toda direção
festa

Programa positivo:

– os sindicatos particulares e o sindicato geral (diferença de problema);

– extensão do princípio da greve (gandhismo, não-cooperação, não-violência);

– uma união negativa universal considerada como um país, um pertencimento;

– ligada a uma consciência dos limites dos governos.

Texto da conferência e da discussão

(*Quinta-feira, 26 de fevereiro de 1948*)

Senhor Presidente: Senhoras e senhores.

Já que o senhor Georges Bataille gentilmente aceitou fazer duas conferências, proponho, de comum acordo com ele, que a discussão ocorra amanhã. Como as duas conferências tratam de um único tema, isso parece preferível.

G. Bataille: Tentarei traçar para vocês um esquema da história das religiões.

Digo logo que se tratará aqui não de um trabalho terminado, mas de um esboço. Uma visão geral representando antes uma possibilidade do que o estado definitivo de uma questão ou do espírito de um autor.

Não creio que seja sempre preferível esperar, para expor uma ideia, que ela tenha chegado a seu ponto de maturidade. Permiti-me talvez nesse sentido, em meus livros, uma liberdade exagerada e é possível que tenha dado ensejo a confusão. Contudo, só lamento isso na medida em que causei confusões, e mantenho para com esse método uma fidelidade pontual.

Acho que pode acontecer na filosofia o mesmo que na pintura. Chega um momento em que o esforço do pintor, sob a forma do esboço, parece ter até mais importância e interesse do que o quadro acabado.

Parece-me que é da natureza da filosofia nunca ser algo propriamente acabado, e que o trabalho do espírito, oferecido sob uma forma incompleta, em parte falha, tem chance de corresponder melhor ao caráter necessariamente coletivo do trabalho filosófico que a existência humana leva adiante.

Nunca se trata mais do que de uma contribuição, e o fato de deixar essa abertura aos outros me parece ter um sentido, não direi profundo, mas vital.

Isso, esse caráter de esboço, chega ao ponto de eu poder lhes dizer, com toda simplicidade, que não fiz, no que diz respeito à exposição que vão ouvir, todo o esforço terminológico necessário.

Convém, evidentemente, quando nos exprimimos no plano da filosofia, elaborar ao máximo os termos de que vamos nos servir.

Reconheço, aqui, que se trata de um verdadeiro inconveniente. Quanto a isso, peço desculpas pelo caráter um pouco apressado dessa exposição.

Não se poderia dizer a respeito de uma terminologia ainda pouco elaborada o mesmo que disse a respeito de um pensamento filosófico que, ele, pode ter seu valor sem estar acabado, e pode mesmo extrair uma parte de seu valor de seu inacabamento...

Partirei, para construir este esquema, da animalidade. Gostaria ainda de indicar aqui, na introdução, um princípio geral. Representarei, em minha exposição, formas sucedendo-se, sem ter, no entanto, a preocupação precisa de corresponder a uma sucessão histórica determinada. Não se trata, nessa sequência de formas analisadas, de uma sucessão cronológica, trata-se de uma sucessão lógica que pode coincidir com a sucessão dos fatos. No entanto, se tomo a animalidade como ponto de partida, estou deixando claro que, no conjunto, quis seguir um desenvolvimento que existiu no tempo.

A animalidade de que falarei será considerada de um ponto de vista bastante estreito e que decerto só ganhará seu devido valor na sequência de meu desenvolvimento. Eu a representarei como a imanência e a imediatez.

A imanência do animal em relação a seu meio pode ser representada num caso particular, que se fará presente do início ao fim desta exposição, não que eu vá voltar a ele a cada instante, mas no sentido de que retornaremos a ele no final de minha fala: a situação primeira do animal que come outro animal.

O objeto que é dado na manducação do animal é o semelhante do animal e é nesse sentido primeiro que se pode falar de imanência.

Não há, de um animal que come a um animal que é comido, transcendência. Tampouco há distinção, no sentido de que o animal não come outro animal considerando-o diferente de si mesmo.

Pode-se opor a essa concepção o fato de que os animais não se comem uns aos outros indistintamente, mas determinam, previamente, as espécies que comem e as que não comem.

Contudo, não me deterei nessa objeção, porque ela tem, em minha opinião, um valor menos importante que a posição de similitude sobre a qual vou agora me apoiar.

Essa similitude está ligada, acabo de o dizer, ao fato de que o animal que come outro animal não distingue aquilo que come como nós distinguimos um objeto. A distinção é possível a partir da posição de um objeto, ela não existe enquanto o objeto não foi posto. O animal que é comido por outro animal, nesse sentido, ainda não existe como um objeto. Assim, não se pode dizê-lo subordinado àquele que o come.

Não há, entre o animal comido e o que come, uma relação de subordinação. Não se pode dizer, a despeito dos hábitos humanos que admitem que o leão é o rei dos animais, que exista o que quer que seja de estabelecido nesse sentido na vida animal. Os animais comem-se uns aos outros sem que haja entre eles outra subordinação além daquela que resulta da força.

Na humanidade, dá-se o contrário disso: o objeto é posto como tal, o animal que é comido introduz entre o homem e ele uma relação de subordinação.

O animal comido é morto, depois cozido, vale dizer que é tratado como uma coisa separada, como uma coisa bem distinta, da qual se pode dispor e fazer exatamente o que se quiser. O homem trata o animal como um campo de possibilidades que lhe são subordinadas.

Aliás, ele só o come morto, é o animal morto que é considerado por ele, e é considerado como uma coisa.

O animal comido não é a única *coisa* que existe para o homem. A ferramenta, a arma, que serviu para matar o animal é também uma coisa, de maneira que, desde o princípio, na situação humana, define-se um mundo de coisas, um plano das coisas, e acrescenta-se a isso que o próprio homem, no final, se situa nesse plano das coisas através de um olhar que lança sobre si mesmo.

Isso é talvez, cronologicamente, em relação à situação primitiva que descrevi, uma antecipação, mas tudo o que se pode dizer é que isso dá matéria a discussão e que é muito difícil falar com precisão cronológica do momento em que o homem, tendo criado um plano das coisas, situa a si próprio nesse plano das coisas.

Essa situação das coisas, dos objetos, em relação ao sujeito, é a situação da transcendência.

As coisas são transcendentes em relação ao sujeito, vale dizer que o plano de vida interior que se estende ao plano da comunicação entre os diferentes sujeitos é inteiramente diferente do plano das coisas tanto para o primeiro homem quanto para os homens de hoje. Não inteiramente diferente, aliás, mas há uma diferença para o primeiro homem assim como para nós.

Essa posição de transcendência, essa reação de um mundo no qual o homem não penetra e com o qual ele não tem comunicação, de um mundo que lhe é subordinado, cria uma espécie de dificuldade fundamental.

Dá-se, a partir de então, a introdução de uma vida na qual a imediatez desapareceu e que está situada sob o primado da subordinação de uma parte do mundo a uma outra parte.

Essa subordinação pode também ser vista pelo homem que domina como um limite, no sentido de que, a partir do momento em que um objeto lhe é subordinado, ele não entra mais no domínio definido por esse objeto, situa-se fora dele e pode sentir, a qualquer momento, o desejo de levar a dominação até a comunicação.

É somente ao reencontrar a comunicação com o objeto que a dominação pode parecer total, vale dizer que a dominação só pode parecer total a partir do momento em que é suprimida.

Nos próprios fatos, fica claro que esse duplo movimento do desejo de dominar e de comunicar se traduz pela destruição do objeto.

A destruição do objeto ocorre não exatamente como um sacrifício, ao menos nas situações aparentemente mais primitivas, mas pelo menos sob a forma de execução do objeto, no caso em que o objeto é um animal.

O que chama atenção na execução do animal como objeto é que a preocupação dos homens primitivos não era tanto atingir o animal. Pelo contrário, tratava-se de se retratar diante dele. De algum modo, na medida em que o animal era tido por um objeto, o homem se tinha por aquele que ofendera o animal e era deixando de tê-lo por um objeto, vale dizer, matando-o, que reparava a ofensa que lhe fizera.

A destruição do animal é, de fato, nos ritos dos primitivos, um momento crucial, um momento ao qual nenhum outro pode ser comparado. É através da destruição do animal que o mundo profano, o mundo da transcendência, o mundo inacessível é suprimido e, a partir do momento em que esse mundo que cria limites para o primeiro homem ativo é suprimido, através dessa supressão, introduz-se o mundo da imanência, vale dizer, da violência, da imediatez.

À destruição do animal está ligada a festa.

A festa começa a partir do momento em que a atividade deixa de ter uma meta. Por meio da destruição do animal, a meta é também suprimida, ao mesmo tempo que o objeto. Isso se traduz nas formas primitivas pelo fato frequente de que o animal destruído não é comido por aquele que o destruiu. O animal destruído sendo numa situação determinada o totem, o totem de um clã, é o clã que mata o animal, mas é o clã vizinho que o come.

O animal está tão situado fora da meta, vale dizer, fora do interesse, que é dado para outros comerem, a fim de que seja claramente afirmado que ele é perdido, que aquele que o matou o fez para perdê-lo e não para ganhá-lo.

É, aliás, isso que introduz como um momento de ruptura o movimento de emancipação, o movimento de detonação, o movimento de violência da festa.

A partir do momento em que o mundo das coisas é negado, em que o interesse que existe no primado da atividade deixou de dominar, nesse momento, o que chamei inicialmente de "animalidade" seria introduzido, mas não como animalidade e sim como desencadeamento de uma situação que tinha sido fechada.

Na atividade produtora das coisas, essa violência fora comprimida, fora reservada, fora limitada a um certo número de atos, todos ligados a metas. Assim que a festa se desencadeia, os atos não estão mais ligados a metas.

Contudo, não podemos deixar de perceber que, nesse desencadeamento, um certo limite permanece, que não se opõe ao desencadeamento, mas que define seu sentido em relação a um determinado encadeamento.

O desencadeamento da festa é um desencadeamento do homem no mundo. Todavia, esse desencadeamento está limitado ao grupo, à comunidade fechada no interior da qual ele ocorre.

Isso é naturalmente determinado pela situação geográfica. Mas nem por isso tem menos sentido, já que é nesse quadro geográfico limitado que o próprio adversário se vê ligado, nas crenças primitivas, a um interesse.

Quando o animal é morto, o primitivo imagina que ele facilita a fecundidade da espécie. Em geral, o animal é comido, e se encontra assim fecundado, pode assim assegurar a prosperidade de uma comunidade.

Aqui, a comunidade não é, na situação mais primitiva, a mesma comunidade que mata. Na verdade, a prosperidade é posta para fora, vale dizer que o animal que é morto por ocasião do intichiuma só pode ser morto por seu próprio clã na medida em que se trata de um rito. Nesse caso, ele é dado para outros comerem.

Por conseguinte, não é o interesse da comunidade mais próxima que se faz valer nessa situação primitiva, é o interesse da tribo que, aliás, participa da festa.

Todavia, no conjunto, há limite, quer se trate da tribo ou do clã, é colocado um limite que priva esse desencadeamento de qualquer valor geral.

Isso tem uma grande importância e permite perceber um aspecto duplo dos movimentos que acabo de descrever.

O desencadeamento de que acabo de falar pode ser considerado como um desencadeamento interior. O desencadeamento da festa é, por excelência, um desencadeamento interior. Ele pode ser comparado, com muitas reservas, à situação masoquista.

No desencadeamento masoquista, a violência se exerce contra o próprio indivíduo masoquista, ao passo que, no caso, por exemplo, do desencadeamento limitado da violência quando o animal é morto pelo caçador ou quando a comunidade entra em guerra contra outra comunidade, trata-se de violência exterior.

Ora, quando definimos uma determinada comunidade, devemos defini-la em seus limites, compreendendo que é capaz de desencadear sua violência contra seu semelhante.

Entramos assim num movimento em que a violência, o desencadeamento da violência, tem o sentido contrário daquele que encontramos na festa.

Ora, não é possível, acredito, analisar o desenvolvimento das formas religiosas sem perceber o valor que assume, de uma maneira constante, essa inversão do desencadeamento da violência.

Na situação da guerra, encontramos aspectos complexos a partir do momento em que consideramos os resultados. O resultado da guerra pode ser a morte do inimigo no combate, mas pode também ser a captura do inimigo, e essa captura culmina numa escravidão que é uma redução do inimigo ao estado de coisa.

O escravo, para aquele que o capturou, não é mais o semelhante do homem, não é mais aquele com que o homem "participa", é uma coisa de que se pode dispor, é uma coisa subordinada. O homem que possui o escravo é soberano em relação ao escravo que é possuído.

Mas essa subordinação não pode chegar ao ponto de fazer desaparecer inteiramente, no espírito do possessor, a consciência da similitude, de sua própria similitude com o escravo.

Essa consciência da similitude, da mesma forma que na situação mais primitiva que defini anteriormente, culmina também num retorno à participação através da destruição.

Não é através da emancipação do escravo que o possessor busca se livrar do remorso que tem por haver transformado um de seus semelhantes em coisa, é através de sua destruição. É através de sua destruição que ele o transforma em realidade imanente, é através de sua destruição que ele estipula uma existência sagrada.

Aquele que é morto como escravo se torna sagrado, é reintroduzido na imanência, é reintroduzido na participação daquele que o mata.

Isso se apresenta da mesma maneira que na situação animal.

Pelo próprio fato de ter reduzido voluntariamente seu semelhante ao estado de coisa, ou seja, uma vez que esse plano das coisas foi estendido a homens, aquele que reduziu seu semelhante à escravidão é inserido mais precisamente, mais estritamente no plano das coisas.

Pouco a pouco, o homem se torna ele próprio uma coisa e, para se salvar dessa situação, deve ainda recorrer à destruição do objeto como objeto.

Quando o escravo é morto, há exercício da violência sobre outrem, mas essa violência que é exercida sobre outrem se tornou, contudo, uma violência interior. Não é a violência que se desencadeava na guerra, é uma violência que se desencadeia no interior da festa e que, como tal, não pode ser limitada ao mundo exterior.

É somente na medida em que um homem da própria tribo acaba sendo sacrificado que esse desencadeamento interior assume todo seu sentido.

De modo que, logicamente, a partir do desencadeamento da violência interior contra o escravo, essa violência interior se desencadeia necessariamente contra o homem da própria tribo, e não contra qualquer homem da tribo, mas contra aquele que encarna ao máximo essa tribo, a saber, contra o soberano, contra o rei.

É na execução do rei que culmina esse desencadeamento da violência interior.

Todavia, em todas essas formas, encontramos na violência interior uma impotência: é que ela mantém o desencadeamento da violência no interior de limites precisos.

A sociedade assim definida está portanto destinada, como a sociedade precedente, a continuar desencadeando uma parte de sua violência contra o exterior e a se manifestar na guerra. Mas essa nova manifestação da guerra não tem mais a mesma forma, já que a manifestação na guerra é antinômica em relação à execução do soberano.

De maneira que temos, nessa situação complexa, a posição das duas formas clássicas da soberania. De um lado, o soberano religioso, destinado à execução, de outro, o soberano militar que, ele, se opõe à execução. Ele se opõe mesmo, de modo geral, ao sacrifício.

A sociedade, tendo que desencadear sua violência no sacrifício do escravo e no sacrifício do rei, deve renunciar ao mesmo tempo ao sacrifício do rei e ao sacrifício do escravo para desencadear sua violência contra o exterior e, a partir desse momento, a guerra aparece como uma ruptura da comunidade limitada, rumo ao universal.

É a partir do soberano militar que se cria a situação que permite a passagem do clã ao império. É somente na medida em que o soberano é liberado dos ritos que o prometem à morte que a passagem da simples tribo ao império se tornou possível.

A partir do momento em que há soberano militar, o Chefe do Exército tende a aumentar a comunidade de que faz parte. Ele faz entrar um novo elemento que é a explosão da comunidade para fora, mas há, em resposta, um movimento centrípeto, no sentido de que os elementos que são assim atingidos pela ação armada estão prometidos à conquista.

O mundo exterior se torna não mais um recurso para os altares do sacrifício ou para a obtenção de escravos, torna-se o objeto de uma conquista possível, o objeto de um crescimento da sociedade.

É nessa nova forma de existência social que é dado um ponto de desenvolvimento realmente novo do sentimento religioso.

É a partir dessa situação, que resulta da fundação de um império, que o direito pode se desenvolver, e o direito, em face de um mundo religioso, coloca uma situação realmente nova.

O direito, introduzido no mundo das coisas, introduz, por sua vez, as definições da linguagem como obrigatórias. Mas o que é a obrigação no direito senão a garantia da violência que é dada à definição, à posição da coisa imóvel?

Nos regulamentos do direito, a coisa aparece posta como não podendo ser mudada, não podendo ser tornada móvel sem desencadear a violência. Trata-se, nesse caso, de violência exterior.

Na posição do direito, é uma violência exterior que é desencadeada.

Aquele que tornou a coisa móvel, que dispôs de uma coisa que não estava disponível para ele, e que se transformou assim, imediatamente, em alvo da violência exterior, deu disso uma primeira ideia.

Mas o direito não pode se manter nessa situação de violência exterior, o direito está sempre no limite da moral.

A partir do momento em que a coisa definida pelo direito não pode ser transformada sem provocar a violência exterior, torna-se necessário que a coisa não possa mais ser ela própria transformada sem que a violência interior se desencadeie também.

Pode ser que desse jeito, representando as coisas assim, dessa maneira abreviada, eu esteja omitindo fatos que deveriam ser analisados mais precisamente, mas se queremos considerar a passagem de uma forma a outra, admitindo-se que entre uma forma e outra possa ter havido transições ou deslizes, chega-se à situação da moral que pode ser definida como a ameaça do desencadeamento da violência interior no caso de a realidade, posta como um objeto imóvel, ser transgredida.

A violência latente do indivíduo é empenhada na manutenção, é uma garantia da manutenção da regra, da coisa transcendente, de uma imobilidade que foi retirada do movimento geral da violência.

É claro que, seja no direito, seja na moral, nada é possível senão a partir da linguagem; e desde que a linguagem é carregada de significações sagradas, por suas definições precisas do direito e da moral, aparecem, ao mesmo tempo, a possibilidade e a necessidade de passar do plano limitado de cada objeto ao plano universal.

A linguagem desliza gradual e necessariamente da posição da coisa particular para a da coisa geral.

Temos, portanto, nessa posição sucessiva do direito e da moral, uma espécie de dado necessário, uma superação em direção ao universal, uma superação em direção à forma que foi definida como Deus.

Deus é posto como uma coisa, do mesmo modo que as coisas que o direito define, vale dizer que ele é uma regra do mundo dominado pela violência interna de Deus.

Mas isso nos faz perceber imediatamente que as categorias que tinham sido dadas no mundo religioso primitivo não foram mantidas.

No mundo religioso primitivo, tinha-se de um lado um mundo das coisas transcendentes, das coisas de que não havia participação a não ser quando eram destruídas, como coisas, na festa; definia-se assim o mundo profano; e o mundo sagrado no mundo da imanência, da violência, da participação.

A partir do momento em que aparecem como sagrados o direito, a moral e a pessoa divina, o domínio do sagrado deixa de ser inteiramente o domínio da imanência. Existe um mundo sagrado transcendente que não existia na situação primitiva.

Esse mundo sagrado transcendente é precisamente o que estipula a necessidade de Deus como fiador de um mundo de coisas sagradas. De fato, a partir do momento em que existe um mundo de coisas sagradas, o que se tornam as coisas que não o são?

As coisas que não o são se opõem, a partir desse momento, às coisas sagradas como o particular ao universal. É na medida em que uma coisa permanece do domínio da particularidade que ela pode ser tratada verdadeiramente como "coisa", do mesmo modo que a coisa tinha sido posta na situação primitiva. É somente na medida em que assume um valor universal, em que tende a assumir um valor universal, que ela se dirige para o lado do mundo sagrado.

No auge dessa situação, o que é dado como sagrado é exatamente a ideia. É, em suma, no interior da linguagem que as formas de separações que acabo de apresentar se desenvolveram.

Senhor Presidente: O senhor Bataille acaba de me dizer que prefere que a discussão sobre a primeira parte ocorra hoje mesmo, porque acha que o corte entre as duas conferências será mais acentuado do que tinha imaginado.

Ele espera, portanto, suas questões ou objeções.

Uma auditora: Tem uma coisa que não entendo, é quando ele declara que a passagem da imanência à transcendência se faz através da morte de um animal. A morte do animal aumenta o ser do animal, o ser em si. Como ele se torna imanente nesse momento?

G. Bataille: Ele se torna imanente porque é negado como objeto, é destruído como objeto, vale dizer que as relações de subordinação que existiam nos limites da transcendência são destruídas pela morte do animal e pelo fato de que ele é retirado do mundo da utilidade.

A auditora: Ele muda de essência.

G. Bataille: Na verdade, isso só pode ser compreendido a partir da posição do sagrado. Isso significa que o sagrado é introduzido no mundo humano, mas sob formas estanques, ele substitui as formas móveis.

Evidentemente, há aí uma operação que pode passar por grosseiramente criticável, não é algo de perfeito e é evidente que, no sacrifício, há uma decepção profunda, porque a operação poderia ser considerada até como uma mistificação do homem por si mesmo.

É evidente que a objeção que você faz é uma crítica necessária da operação realizada pelo primitivo. É o limite dela. Não há uma real restituição do animal morto ao mundo da participação, há simplesmente um vazio que é aberto e um vazio através do qual se estabelece uma comunicação sagrada.

Isso é evidentemente muito imperfeito, no entanto, teve tamanha necessidade, um valor de determinação tão constante, que a morte dos animais pode ser considerada como uma das formas mais gerais da atividade humana.

O retorno da execução do animal para chegar à comunicação sagrada tem quase um valor universal. Há poucos povos que não tenham conhecido a instituição do sacrifício.

Um auditor: No mundo animal, como se pode explicar isto: por exemplo, encontram-se formigas que guerreiam entre si e que reduzem outras formigas à escravidão, como isso se explica em sua teoria?

G. Bataille: Devo dizer que não conheço muito bem essas questões.

Até onde sei, no entanto, as coisas não são levadas até esse ponto entre as formigas e o fato de que tenham escravos é muito contestado. Porém, o fato da guerra não o é. Não entro nessas considerações porque sigo uma linha diferente.

De fato, parece ter havido, dentro do mundo animal, diversas linhas de desenvolvimento, e é bastante claro que as formigas se situam, numa linha de desenvolvimento naturalmente diferente da linha humana, como uma espécie de acabamento relativo.

Se podemos admitir esta contradição em termos, o inseto é, decerto, a partir do mundo animal, uma forma muito aperfeiçoada e, no mundo dos insetos, há poucas formas mais perfeitas que a sociedade das formigas, dos térmitas ou das abelhas.

Digo isso sem insistir e percebo que, ao proferir esses enunciados, impliquei um número considerável de problemas, mas não faz parte de minhas intenções me informar mais sobre problemas que me parecem, apesar de tudo, distantes do tema proposto.

Um auditor: Como se estabelece a relação entre as duas concepções do sagrado, aquela que corresponde às comunidades fechadas e a outra que parece bastante diferente?

G. Bataille: Para dizer a verdade, sua crítica me parece muito justificada. Pode fazê-la na medida em que me expressei mal e por uma boa razão, é que para responder sua pergunta eu teria que recomeçar minha conferência.

Uma auditora: Já que o critério da distinção e do estudo da evolução das religiões parece, para você, a situação do problema indivíduo e objeto, será que nesse processo, no momento em que a coerência entre o objeto e o indivíduo desaparece completamente, será que nesse momento a religião se torna impossível ou você considera que há um estágio?

Um exemplo de perda de coerência seria nesse sentido o positivismo e, de fato, há uma negação da religião que vai de par com o positivismo.

Será que isso se encaixaria em sua teoria?

G. Bataille: Em princípio, você define assim a posição da ciência, num mundo que permanece apesar de tudo religioso, e tratarei desta questão na segunda de minhas conferências. É nela que chegarei ao mundo moderno.

A auditora: Mas sempre em termos de objeto, de indivíduo.

G. Bataille: Evidentemente, já que coloquei, em face do sujeito, a própria coisa, ela assume um valor particular, definido, que não é o que defini em primeiro lugar na ciência.

Pode-se dizer que a posição da coisa só é perfeita na ciência.

A auditora: E isso se enquadra numa das duas atitudes consideradas? A atitude no positivismo se enquadra numa das duas atitudes já consideradas?

G. Bataille: Prefiro falar disso amanhã. Isso entra claramente no tema da conferência que farei amanhã.

Mas agradeço-lhe por ter colocado essa questão, que me ajudará, na preparação da conferência de amanhã, a esclarecer as coisas no intuito de respondê-la.

Senhor Presidente: Também gostaria de fazer uma pergunta. Você disse que a festa irrompe sem meta.

Acho que todos os primitivos têm para isso uma resposta precisa e que se há, de fato, na festa, atos que, em relação à vida de todos os dias, parecem atos insensatos, pouco precisos, a totalidade desses atos tem um sentido preciso, essencial, para a vida de todos os dias. Estou errado?

G. Bataille: Não, isso é essencial.

Para dizer a verdade, eu devia ter tratado dessa questão. Abordei-a, me parece, fiz alusão ao fato de que o desencadeamento da festa tinha um valor de fato constante.

Por exemplo, na execução do totem, e fiz alusão a isso, sempre se considera o fato de se estar contribuindo para o desenvolvimento da espécie.

Insisti no fato de que, nessa situação particular, buscava-se, apesar de tudo, enfraquecer o caráter utilitário.

O clã tentava enfraquecer o caráter utilitário da coisa no sentido de que ele não participa dos benefícios dessa fecundação, já que esse clã se priva da possibilidade de se beneficiar com a fecundação por conta de um tabu.

GEORGES BATAILLE TEORIA DA RELIGIÃO

Mas não é uma resposta suficiente.

Na verdade, se consideramos uma situação muito mais geral, como uma festa qualquer com orgias que têm um sentido agrário, essa distinção não é mais mantida. Ela não tem mais que um valor simbólico, merece atenção, mas não basta por si só para resolver a questão.

Senhor Presidente: Proporei então uma mudança terminológica. Seria antes o ato extraordinário que o ato insensato, tomando "extraordinário" no sentido etimológico da palavra.

G. Bataille: Para dizer a verdade, sou levado, ao lhe responder, ao que lhes disse agora há pouco. Tratarei desse problema mais a fundo na segunda parte de minha conferência, no sentido de que, após ter enunciado o conjunto das formas, situarei como uma crítica geral o fato de que a inutilidade perfeita nunca é definida ou atingida no conjunto das formas que analisarei.

É somente na extremidade do processo que se coloca essa questão como uma meta ideal.

Um auditor: Sem discutir os fatos, gostaria de perguntar ao senhor Bataille se não haveria uma objeção de método.

Você tratou a evolução das formas religiosas como uma espécie de desenvolvimento lógico e autônomo.

G. Bataille: Representei isso como um desenvolvimento lógico.

O auditor: Será que, na vida da sociedade humana, o fenômeno religioso ou espiritual é suficientemente independente de todo o resto, digamos mesmo da vida material, social, para que se possa admitir um desenvolvimento autônomo? Será que uma mudança num domínio não depende de uma mudança de estrutura de base?

Não se corre o risco, a partir do momento em que se pega um aspecto da vida do homem e se tenta separá-lo do resto – quer seja o direito, a religião, etc. –, não se corre o risco de falsear o problema no sentido de que as mudanças de estrutura dependem do conjunto da vida social?

Senhor Presidente: Evidentemente, e acho que Bataille concordará comigo, não se pode considerar os fatos que podemos qualificar de ideológicos fora da realidade como um todo, mas parece singularmente difícil recortar essa realidade em fatias que podemos tentar compreender se não começamos a pesquisa do lado ideológico. Não se compreende nada da realidade humana enquanto não se compreendeu nada daquilo que os homens pensam de si mesmos numa determinada situação.

O auditor: A questão que coloco é a seguinte: pode-se explicar a passagem de uma ideia a outra como uma forma autônoma? Será que as mudanças das formas materiais e do espírito não são totalidades? Será que não é uma mudança total que se manifesta?

Senhor Presidente: Não creio que isso impeça de começar por um lado, acho que é necessário, pelo contrário.

G. Bataille: Acrescentarei simplesmente isto: é que, apesar de tudo, eu fiz intervir o mundo da atividade prática, já que é numa oposição a esse mundo que desenvolvi continuamente as representações de que falei: por um lado, representei a situação da atividade simples do homem, sem escravidão, e, por outro, a situação da escravidão.

Trata-se, a cada vez, de situar os fatos religiosos em relação a um mundo econômico determinado.

Minha apresentação foi talvez breve demais, mas eu mesmo a chamei de esquema.

Vocês me desculparão por ter me resignado a fornecer somente um esquema, mas se tivesse entrado em desenvolvimentos mais complexos, teria respondido inteiramente à sua objeção.

Tampouco acredito que se possa fazer um desenvolvimento ideológico fora da consideração de uma situação determinada, e a situação é determinada primitivamente pelo mundo da produção.

Aliás, olhando bem, verá que, desde o início, aquilo que oponho é o mundo humano ao mundo animal, na medida em que o homem é aquele que coloca um objeto ao produzir.

Representei a situação bastante simples da caça, mas a caça é ela própria uma atividade econômica que produz. Fala-se dos produtos da caça e esses produtos são, de fato, coisas.

Foi desse fato econômico que parti e acredito que ao longo de todo meu desenvolvimento, sem insistir tanto quanto fiz no começo, não perdi de vista que isso se passava no mundo da produção.

Podia ter insistido mais, a esse respeito, no fato de que o escravo era introduzido na produção e, no fundo, olhando bem, não há mudança a partir do homem que caça no sentido das determinações religiosas.

Não há mudança maior antes da passagem da economia imediata do produtor à economia mediata da produção por um escravo.

A primeira auditora: Gostaria de perguntar como, a partir da noção de direito e de moral, passamos à noção de um Deus que se opõe a ela como imanente. Como se faz a passagem?

G. Bataille: Trata-se de um deus transcendente a partir do momento em que se postulam o direito e a moral.

A auditora: Mas como se postula a noção de um deus a partir dessas noções de moral?

G. Bataille: Trata-se simplesmente do desenvolvimento de um mundo sagrado a partir do momento em que a transcendência entrou nele até uma espécie de acabamento.

Deus é simplesmente a realização acabada desse mundo sagrado primitivo que, ele, era imanente, na medida em que se tratava simplesmente de uma transcendência garantida pela violência interior ou exterior.

Temos, em primeiro lugar, a posição das coisas úteis, a seguir, posições de ações profanas ou de ações em geral que estão ligadas a definições de objetos. De modo que, na sequência, pode-se perceber a ruptura da moral, a ruptura da regra moral como um dos meios de desencadear a violência interior.

A auditora: É essa violência interior que se chama Deus, então?

G. Bataille: Não. Evidentemente isso é bastante complicado. Recomeço uma exposição que devo ter feito rápido demais: passa-se assim do direito à moral, mas a moral, como o direito, possuindo a linguagem, a linguagem segundo seu próprio desenvolvimento lógico passa da situação particular, vale dizer, da posição dos objetos particulares garantida seja pelo direito, seja pela moral, isto é, garantida seja pela violência exterior, seja pela violência interior, à posição de um objeto geral que, ele, é garantido geralmente por toda violência.

Na verdade, trata-se, num determinado momento, de uma superação do direito e da moral.

O direito e a moral só podem colocar objetos particulares, e se torna necessário, a partir do momento em que se entra no mundo sagrado, manter o caráter sagrado desse novo mundo colocando um objeto que, ele, se opõe aos objetos particulares como objeto universal.

A partir desse momento, os objetos, cuja existência estável de coisas é garantida seja pelo direito, seja pela moral, são rejeitados para o mundo profano, e o mundo sagrado é principalmente fundado na existência de Deus que é, de modo geral, ao mesmo tempo violência e garantia da estabilidade.

Um auditor: O senhor Bataille assimila a violência à animalidade? Ou tem uma definição da violência a nos propor?

G. Bataille: Esclareci de antemão que não dispunha de uma terminologia muito precisa.

Aliás, gostaria de insistir nesse fato, e devo dizer antes de mais nada que tomei emprestado o termo "violência" à terminologia de meu amigo Eric Weil, talvez com um mal-entendido.

Senhor Presidente: Não.

G. Bataille: Mas sua questão me parece legítima.

Acredito, no entanto, ter indicado que essa questão se colocava. A violência animal difere da violência que defini como humana. Para dizer a verdade, seria preciso esclarecer as coisas.

Na situação animal, não há (é uma questão de terminologia) violência propriamente dita, pelo fato de que não há obstáculo à violência. É a partir do momento em que o obstáculo é posto, em que é dado um limite à violência, que a violência existe.

Insisti no fato de que, passando da animalidade ao desencadeamento humano, tínhamos formas inteiramente diferentes.

Essa reserva era necessária porque eu introduziria um grande mal-entendido se os fizesse acreditar que a prática de uma religião é um retorno à animalidade.

Mircea Eliade: Será que temos o direito de falar de animalidade em relação ao totemismo?

Os povos mais primitivos, alguns povos antárticos e as tribos australianas mais arcaicas praticamente não conhecem relação totêmica,

GEORGES BATAILLE TEORIA DA RELIGIÃO

muito pouco de magia, mas conhecem seres supremos. O totemismo não é a primeira etapa, mas a segunda ou a terceira.

As recentes descobertas sobre os pigmeus provaram que o totemismo vem no começo da terceira fase de evolução sociológica.

Teremos direito de considerar que, numa etapa primordial da vida religiosa, antes do sacrifício, havia um totemismo?

Os primeiros documentos mostram uma religião elevada, muito mais clara; as etapas de magia, de totemismo, vieram depois.

Seu esquema é muito interessante do ponto de vista lógico, mas será que se mantém de pé do ponto de vista histórico?

Vê-se muito bem que, no começo, havia uma outra posição, homem-animal, decerto, mas também homem-deus ou ser supremo e ainda homem-ancestral, etc. Seu esquema lógico apresenta também uma historicidade?

G. Bataille: Até certo ponto, vocês devem ter notado que segui uma espécie de sucessão histórica clássica, estabelecida há cerca de dez anos. Sua informação por certo é melhor que a minha, você parte de dados que não conheço.

M. Eliade: A grande revolução etnológica provou que, na Austrália, as tribos onde o totemismo é a forma mais clássica são as mais recentes. Nas mais arcaicas, o totemismo é coisa importada recentemente.

Você sabe muito bem que, sempre, nas cerimônias de iniciação, são os elementos mais arcaicos de uma religião que são reunidos. É nessas cerimônias que o Ser supremo se revela um pouco.

Ao contrário, as coisas populares são já modernizadas, influenciadas pelo totemismo. O resto está perfeito e traz coisas novas.

G. Bataille: Agora sou eu que gostaria de lhe fazer uma pergunta. Você obteve essa informação e certamente a conhece muito bem, mas gostaria de lhe perguntar isto: na representação que o padre Schmidt fez disso, havia certamente uma tendência a reduzir esse Ser supremo a um ser transcendente.

Mas os dados do padre Schmidt são contestáveis, trata-se mais de teorias que de informações. Eu queria saber se as informações reunidas posteriormente dão a entender que essa transcendência que é fundamental na ideia do padre Schmidt pode ser mantida?

M. Eliade: Sempre. Cito três monografias clássicas publicadas recentemente, há cerca de quinze anos, os dois volumes de Boussine e o volume de Schoerer. No começo, as coisas se esclarecem, o Ser supremo é um Criador, foi ele que fez o Cosmos e o homem, e depois se retirou. A seguir, enviou um demiurgo para completar a criação, ou seu filho, ou a lua, ou os ancestrais, ou o sol... etc. Mas, para os primitivos, é sempre ele que criou o mundo.

O padre Schmidt exagerou um pouco e purificou um pouco demais a estrutura desses Seres supremos, pois eles sempre têm uma estrutura.

Entre os grupos antigos a coisa é clara. Eles são Deuses do Céu. "Noun" se chama aquele que está no alto.

As recentes descobertas etnológicas confirmaram a teoria do padre Schmidt, mas lhe deram mais concretude histórica. Não se trata de uma figura teológica e sim de um ser vivo que tem uma estrutura naturista por vezes e também uma personalidade.

Coisa importante: entre ele e o homem há relações, a possibilidade de uma relação religiosa.

O exemplo clássico é este: os pigmeus de Malaca ou da África começam com coisas de magia, mas no final se dirigem ao deus supremo. Vê-se muito bem que é sempre o último recurso. Podem-se provar relações concretas entre esse Ser supremo, que pode ser chamado de Deus, e o homem.

Nesse sentido, as teorias do padre Schmidt foram confirmadas e ao mesmo tempo controladas, corrigidas.

G. Bataille: Tenho a impressão de que isso não necessariamente muda o esquema que eu quis desenvolver.

M. Eliade: Sim. O esquema é exato, só não acho que se possa começar com a relação homem/animal.

G. Bataille: Eu acho que sim, porque se poderia admitir também que o Ser supremo só apareceu entre os grupos mais primitivos depois desse desenvolvimento das relações com os animais.

M. Eliade: Há uma certa liberdade que não se vê em seu esquema. Você fala de homem/animal que está já numa situação fechada.

G. Bataille: Em suma, isso leva a representar as coisas de um modo um pouco diferente do que fiz, no sentido de que o homem tem, em cada situação, uma totalidade, ao passo que o defeito de meu esquema seria ter representado, na situação de princípio, um mundo incompleto.

M. Eliade: Sim, talvez, o mundo é muito mais complexo.

G. Bataille: A análise deveria portanto ser muito mais nuançada. Em suma, eu parti negligenciando o mundo universal e só o fazendo aparecer muito mais tarde.

Senhor Presidente: Acho que deixaremos o resto da discussão para amanhã.

Aplausos.

(Sexta-feira, 27 de fevereiro de 1948)

G. Bataille: A meu ver, o que havia de essencial na exposição que fiz aqui ontem era a definição da posição da pessoa de Deus.

Para dizer a verdade, essa origem, tal como a representei, foi objeto de uma crítica que me deu o que pensar.

Eu tinha partido de trabalhos relativamente antigos, não tendo tido a oportunidade de ler alguns dos trabalhos que o senhor Eliade mencionou.

O senhor Eliade colocou o seguinte:

Tomei como ponto de partida para este esquema geral da história das religiões os ritos totêmicos, ao que o senhor Eliade contrapôs os resultados mais recentes da ciência etnográfica que tendem a mostrar que os ritos totêmicos são secundários, posteriores à posição de um Ser supremo.

Os trabalhos que tendem a estabelecer esse princípio começaram a partir da hipótese do padre Schmidt, que, já algumas décadas atrás, chamou a atenção para a importância que viria a tomar a existência de um Ser supremo na mitologia australiana.

Para dizer a verdade, poderia deixar isso de lado, pois o que fiz era, em suma, uma análise do sacrifício, e os dados totêmicos a que atribuí importância não faziam mais que estabelecer uma ligação entre a situação animal a que é preciso remontar e a situação do sacrifício.

Era preciso passar da simples manducação animal (do animal que devora outro animal) à execução ritual do animal, isso é o essencial.

Contudo, o fato de que um Ser supremo é colocado nas condições mais antigas não permite manter no estado em que ofereci a análise que expus ontem.

Parti da posição do objeto, como no fato da execução do animal pelo caçador. O caçador é um produtor, e o animal morto, um produto. Desse produto, ele deixou de participar como participa do resto do mundo. O que introduzi assim foi a ideia de uma participação fundamental, a ideia de que o homem participa de seu meio. Antes disso, postulei que o animal mal se distinguia ou simplesmente não se distinguia com uma precisão objetiva de seu meio.

Isso implicava que, na posição inicial do homem, antes da posição do objeto como tal, o homem participava de seu meio como o animal participava do dele.

Não insisti nessa participação fundamental para o estado humano porque estava inclinado a pensar que é a posição do produto que marca a diferença entre o animal e o homem.

Contudo, não importa muito determinar um momento a partir do qual se deve cessar de dizer "animal" e a partir do qual se deve dizer "homem".

Pode-se admitir que as coisas se passaram gradativamente e pode-se considerar, a partir daí, a posição num momento qualquer, no espírito de um homem rudimentar, do conjunto do mundo em face dele como um conjunto de que ele participa.

Mas se consideramos essa posição, devemos admitir que ela tem um aspecto prévio à posição do objeto. Daí a noção de que é de uma posição em movimento que devemos partir.

O mundo, em seu conjunto, é concebido pelo homem inicialmente à sua imagem enquanto sujeito, já que participa dele, e na posição do objeto ele chega a atribuir a si mesmo um lugar no plano dos objetos e, dessa forma, a atribuir um lugar a esse sujeito exterior. Esse sujeito era o mundo.

Se quisermos, desde que o plano dos objetos existe, a ideia, ou antes a representação prévia do mundo como subjetivo, escorrega do plano da subjetividade na mesma medida em que o sujeito propriamente dito.

Então, surge a necessidade de que esse objeto que é o mundo em geral seja necessariamente um ser universal, ao passo que, a partir do momento em que passou para o plano dos objetos, ele sofre o processo de divisão, de fragmentação que pertence ao plano dos objetos.

O que quero dizer é isto: que não se pode passar do Ser supremo dos homens mais antigos à posição de Deus, que o Ser supremo dos homens mais antigos só se encontra, no momento da posição de Deus, sob uma forma que não é mais que um vestígio e que, em particular, perdeu o sentido universal de sua posição primeira.

Em termos concretos, o Ser universal dos primitivos, a partir do momento em que é definido como um objeto entre os outros objetos, ainda que esteja na participação do sujeito, se fragmenta e se reencontra sob a forma de Deus individual ou de deuses múltiplos.

No momento da posição de Deus no plano da filosofia, o Ser supremo não existe mais. No lugar do Ser supremo há apenas o Deus do Céu, que é um deus entre os outros. Há um mundo divino a dominar.

Quando, na sequência, Deus é estabelecido nas condições que expus ontem, a partir da definição de coisas imutáveis pelo direito e pela moral (garantidos, o primeiro pela violência exterior e a segunda pela violência interior), essa posição se encontra dada em face da posição de um Deus individual.

Inicialmente ela independe dele, mas se desenvolve em composição com esse Deus individual que oferece apenas vestígios do Ser supremo definitivo.

É assim que há, no mundo atual, a partir da manutenção excepcional do Ser supremo no mundo judaico, de um lado o Deus de Abraão e de Jacó e, do outro, o Deus dos filósofos, mas, como se sabe, este não foi postulado na Judeia e sim na Grécia. Em consequência, ele foi postulado essencialmente em face dos deuses do universo grego e foi só mais tarde que essa manutenção de duas posições, do Ser supremo de origem primitiva e do Deus dos filósofos, encontrou-se numa composição estreita.

Essa composição não é surpreendente para quem acompanhou bem a definição, que me esforcei por esclarecer, concernente à posição de um deus, de um Ser universal supremo e transcendente.

É claro que a transcendência total só pertence ao Deus dos filósofos. O Deus de Abraão e de Jacó, o Ser Supremo dos Primitivos ou os deuses do politeísmo têm uma transcendência no sentido fraco da palavra na medida em que dominam os homens, mas essa transcendência não exclui a participação, não exclui o antropomorfismo.

Todos sabem que os deuses da Grécia e mesmo o Deus de Israel tinham humores humanos, que eram representados com suas paixões e até, entre os gregos, com seus casamentos e suas mortes.

Eu disse que a violência interior se aliava à moral. A violência, a imediatez e mesmo a ameaça de destruição, na filosofia, são acompanhadas de alguns dos atributos da posição divina na mitologia.

Essa espécie de hipóstase de uma regra universal considerada como um ato não chega a ser uma pessoa. Poderíamos citar nesse sentido uma frase célebre de Pascal: não é uma pessoa, é apenas uma transcendência perfeita da posição humana, e dessa transcendência não há participação.

O homem fica de fora, trata-se daquilo que nos supera, do ponto a partir do qual ele não pode passar e do ponto, portanto, onde o limite absoluto é mantido pela violência tradicional da força sagrada, imediata, destrutiva.

O que acabo de dizer me permite retomar a exposição de ontem no ponto em que parei.

Tentei apenas fornecer uma resposta elaborada a uma objeção tão importante que não tinha como responder na hora, sem reflexão.

Seja como for, esse Deus rigorosamente transcendente coloca a necessidade de uma mediação, e aqui darei, de uma maneira mais clara e mais nítida ainda, um valor histórico à minha análise.

Essa mediação, eu a definirei no cristianismo.

Do ponto de vista em que me coloquei, o cristianismo poderia passar por uma construção admirável, poderíamos comparar essa operação realizada a um cristal, que talvez seja ainda mais admirável para aquele que o analisa do ponto de vista da física do que para aquele que simplesmente admira, de fora, sua regularidade.

A análise que tentei desenvolver aqui indica um caráter duplo da divindade: de um lado, a divindade na medida em que é violência (uma violência limitada pelo rigor de uma lei), de outro, a medida em que Cristo se torna um mediador. Ele está, portanto, situado na posição dessa transcendência menor que tentei representar inicialmente, mas não deixa de ser por isso o mediador entre o Pai e o homem.

Nesse sentido, o Deus-Pai se situando no plano da transcendência menor e o homem se situando ele próprio embaixo da transcendência, pelo fato de ter podido colocar essa possibilidade de mediação com alguma coisa que dominava o homem, colocava, por isso mesmo, uma mediação com a posição da transcendência divina, vale dizer, de Deus considerado como um objeto e não mais como um movimento deslizante, renovando-se continuamente e estando sujeito a transformações.

A mediação é garantida no cristianismo a partir do momento em que é feita entre o Deus da transcendência e o homem, pelo fato de que há de um lado Deus, do outro o homem e, entre os dois, o Homem-Deus.

Só o Homem-Deus, entre os homens, participa da transcendência divina, mas ele participa ao mesmo tempo da humanidade e, assim, realiza aquilo que não podia ser realizado na reflexão filosófica mas tão somente no plano da mitologia; tomando, é claro, a palavra "mitologia" num sentido muito amplo.

A partir do cristianismo, temos ao mesmo tempo a posição da transcendência divina em Cristo e a participação do homem da transcendência divina em Cristo.

Essa posição acabou de dar um valor último à nova separação do profano e do sagrado que tentei definir ontem.

Ao passo que o sagrado é ao mesmo tempo o mundo das coisas e o mundo da violência subjetiva (mas só na medida em que é o mundo das coisas e o mundo do universal oposto ao mundo da particularidade), o profano, por sua vez, é sempre o mundo das coisas.

Se passamos agora do cristianismo a uma religião que é frequentemente posta no mesmo pé por ser, como o cristianismo, uma religião moral, a saber, o budismo, essa análise deve ser feita de uma maneira diferente.

O budismo começa, como o cristianismo, a partir da posição moral, e é nisso que o budismo é uma religião da transcendência.

Contudo, não se poderia dizer que é uma religião da transcendência ao mesmo título que o cristianismo já que não se trata de uma transcendência tão perfeita na medida em que o objeto da contemplação budista é o nada, mas é impossível reduzir esse objeto da contemplação budista ao nada. É verdade que se pode pensar que o mesmo se dá na contemplação cristã: ela não se faz unicamente diante de um Deus transcendente, já que se faz, como eu disse, diante de um Deus mediatizado. Há, todavia, essa diferença profunda entre os dois: no budismo, o que é transcendente não é colocado.

Entretanto, o budismo segue o mesmo percurso que o cristianismo num ponto preciso, no sentido de que ele é condenação do mundo tanto quanto o cristianismo, senão mais. Na medida em que nega o mundo, o budismo é levado a negar o sujeito, o que o cristianismo não realiza com a mesma clareza.

A negação do sujeito no budismo chega até à negação mais forte de todas as espécies de violência particulares que estão ligadas ao sujeito.

Quero dizer que, no budismo, o sujeito é negado na medida em que ele é uma violência particular, uma violência individual. Ele não é negado enquanto sujeito indistinto, já que o próprio fim da contemplação budista é a supressão desse sujeito indistinto, é a redução do sujeito cuja personalidade é oposta à violência interior mais completa.

O que é negado é o sujeito cuja violência é exterior e incide sobre objetos particulares. Na contemplação budista, a violência interior do sujeito nega o próprio sujeito, de maneira que há, como em todo movimento místico (tomando essa palavra no sentido de uma espécie de experiência particular), uma passagem do sujeito ao não–sujeito, por assim dizer, através de uma hipertrofia do sujeito. É na medida em que a violência pessoal do sujeito é completamente desencadeada e ilimitada, por conseguinte na medida em que o sujeito acentua sua energia, seu valor pessoal, que ele é negado.

Mas o que coloca o budismo num ponto superior ao cristianismo é a negação de tudo aquilo que, no mundo, é ação do sujeito.

A ação do sujeito e, por conseguinte, a aplicação de sua violência exterior a pontos particulares, a ação do sujeito tendo por fim a posição das coisas é considerada, no budismo, como a raiz do mal.

Naturalmente, a moral budista não chega ao ponto de condenar essa ação, na prática, de maneira total, mas chega a depreciá-la, a situá-la como algo que não merece nenhuma recompensa.

A moral é negativa, é uma obrigação que, quando seguida, permite à alma evitar o peso daqueles que dirigem sua violência exterior para uma destruição dos objetos e não para sua consolidação.

O que, em suma, é consumado no budismo, e em relação ao cristianismo, é uma negação total do mundo profano, é a posição de um mundo sagrado no limite do êxito místico que, tendo guardado um caráter de transcendência por conta da posição moral e da condenação, nem por isso deixa de estar imediatamente no limiar da imanência.

O budismo não é uma religião da transcendência, é a religião de um retorno à imanência.

O budismo não pode ser distinguido do misticismo em seu conjunto. É a participação, é a imanência do sujeito e do universo, e isso, que de início é estranho ao cristianismo, volta a se encontrar no cristianismo místico que examinarei agora.

O cristianismo místico não pode ser considerado como uma perfeita negação do próprio cristianismo. Todavia, é evidente que entre os místicos e a Igreja hierarquizada sempre houve uma tensão que nunca pôde ser destruída.

Há entre a experiência mística e o cristianismo uma oposição fundamental: é que para o cristianismo de Igreja, o essencial é a manutenção da transcendência como uma lei fundamental colocada acima dos homens e limitando-os, lei fundamental mantida pela violência sagrada e que limita o mundo inteiro, humano, sob a pressão dessa violência sagrada, nos limites da moral.

Mas, para os místicos, essa construção que culmina na comunidade da Igreja, por conseguinte num ser, não pode ser um limite último.

O místico nega em si mesmo a posição da igreja no sentido de que a posição do ser e da igreja é uma posição do sujeito que deve ter para os outros o valor de um objeto.

O misticismo não leva a negação ao ponto de querer destruir essa posição, mas se mantém radicalmente do lado de fora dela já que, para o místico, não há preocupação com a Igreja temporal, mas simplesmente a preocupação de realizar uma operação que, ela, é uma operação de imanência.

O místico busca a união com um Deus transcendente e, por conseguinte, destrói necessariamente a transcendência.

Na teopatia, não há mais transcendência, e o Deus que se tornou a mesma coisa que o homem deixou de ser um objeto.

Basta ler os escritos dos místicos para se perceber a diferença profunda entre a teologia mística e a teologia positiva.

A teologia mística tende, em seu conjunto, a se tornar, senão a ser, uma teologia negativa, ao passo que a teologia regular da igreja deu a si mesma o nome de teologia positiva.

Devo fazer aqui uma observação fundamental; em certo sentido, poderíamos ver essa passagem do cristianismo à mística, ou essa realização imediata do budismo, como uma espécie de acabamento das possibilidades da religião já que, nessas posições diferentes, completou-se o ciclo das posições e das negações possíveis.

Veremos, contudo, que não é assim e isso deve ser marcado, desde o princípio, por uma observação muito simples: para os próprios budistas e, com mais forte razão, para os cristãos, o sujeito que participa dessas operações de experiência mística se mantém numa posição justa.

A própria operação pode ter por fim a destruição do sujeito, mas é o interesse do sujeito que está em causa na operação começada, de maneira que a experiência tem um aspecto duplo.

Ela é, por um lado, projeto, vale dizer, o contrário do consumo que só ocorre na destruição. A destruição, por sua vez, não pode ser projeto, e o abandono de toda espécie de projeto se deve ao fato de que ela foi levada a lhe dar seu valor mínimo. Isso é naturalmente mais importante no cristianismo místico, já que é sempre da salvação que se trata e não, como no budismo, da fusão.

No budismo, há, evidentemente, no final, supressão completa do sujeito.

Não há, por conseguinte, completa imanência nessas religiões morais e, por outro lado, há manutenção do mundo profano no estado em que ele se encontra.

Todos sabem que nem o budismo nem o cristianismo são revolucionários; o mundo das coisas é deixado pelos budistas, assim como pelos cristãos, tal como está, e percebemos, dessa maneira, as razões pelas quais são ainda mundos da transcendência.

Há, de um lado, a posição do sujeito como objeto, que só é destruída *a posteriori*; que é mantida no projeto de se destruir, e, do outro, a posição das próprias coisas no resto do mundo, deixada intacta.

Se examino agora o que permanece possível a partir dessa última posição que acabo de definir, serei levado a falar do que se passa no mundo profano. O que se passa de essencial no mundo profano, em consequência dessa posição, ocorre a partir do momento em que as negações do cristianismo culminam na situação puritana que foi descrita na obra célebre de Max Weber.

A partir de um certo ponto, ao contrário do misticismo, a posição da transcendência divina é tal que nada parece poder ser feito que permita ao homem ter acesso a Deus.

Deus permanece, especialmente no calvinismo, inacessível. Nossas ações não merecem nenhuma atenção de sua parte, e tudo que podemos fazer é obedecer estritamente à regra moral.

A regra moral, sob sua forma acentuada, é o puritanismo. Max Weber mostrou as consequências do puritanismo na história econômica.

É a partir do puritanismo, segundo ele (e, ainda que tenham sido apontadas outras fontes para esse movimento, é impossível negar o valor do puritanismo a esse respeito), é a partir do puritanismo que começou seriamente o processo de capitalização, de acumulação capitalista.

Do ponto de vista que adotei aqui, o que significa esse processo?

Significa que os recursos da ação do sujeito deixam de ser dirigidos para a satisfação imediata; que o sujeito renuncia a esta e passa a acumular as riquezas em vez de dilapidá-las.

O puritano deve fazer certo uso de seu dinheiro, esse uso consiste não mais em consumi-lo, dilapidá-lo, mas em acumulá-lo utilizando-o para a aquisição de um equipamento industrial.

Não retomarei aqui os dados históricos analisados por Max Weber. Vou me limitar a representar a situação capitalista como uma posição do objeto como autônomo.

Na posição cristã, como em todas as posições precedentes, o objeto era visto como subordinado. Ele era subordinado a fins que iam mais longe que ele próprio. O objeto estava subordinado a seu consumo ou, se preferirem, a ferramenta estava subordinada à fabricação de um objeto que podia ser consumido.

No mundo capitalista, o objeto se torna ele próprio o valor. É um valor autônomo, uma posição independente. O mundo do capitalismo é, assim como o cristianismo, um mundo da transcendência, mas é um mundo que leva a transcendência do objeto em relação ao homem a seu grau mais extremo, a saber, a subordinação do homem à transcendência do objeto. Ao passo que, na posição primitiva, a transcendência ocorria no sentido contrário: o objeto era transcendente precisamente porque o homem o subordinava.

Teria sido preciso, talvez, nessa análise, falar do islã antes de falar do capitalismo.

Mas preferi falar dele depois.

O próprio islã chega à posição mística, mas em seu movimento inicial ele é praticamente o oposto dessa posição.

O islã tem esta característica que o aproxima do puritanismo: em seu movimento inicial, ele é a negação do desperdício das tribos árabes.

Em seu movimento primeiro, ele se opõe à moral do desperdício, opõe a essa moral uma moral puritana.

O muçulmano é aquele que reserva todos seus recursos para algo que não é o desperdício da vida tribal com seus desafios constantes e essa espécie de contínua busca da honra que se obtém desperdiçando.

O Corão diz: "Para de dar para acumular." Dar para acumular significa desperdiçar dinheiro para obter honra.

O islã é, sociologicamente, um movimento de unificação, e o monoteísmo do islã tem isto de notável: é que, no mundo religioso, vemos a violência interior do cristianismo ou do budismo substituída pela violência exterior da força armada.

O Deus do islã não é um Deus cuja regra, cuja lei, é garantida apenas pela violência interior das forças sagradas. O Deus do islã é um Deus garantido pela lei, pelo exército, e é assim que ele reencontra a posição limitada da comunidade fechada.

Se quis falar do islã colocando-o em relação com o capitalismo, foi para introduzir esta noção, a meu ver fundamental: toda espécie de cessação do desperdício acarreta imediatamente o mais rápido desenvolvimento.

A cessação do desperdício imediato da vida selvagem, que tinha se mantido em certa medida no cristianismo católico, a cessação do desperdício acarreta rapidamente um movimento de expansão violenta.

No capitalismo, como no islã, o que cria essa expansão é também a violência exterior. A violência interior do puritano se vê invertida em violência exterior, no sentido de que todas as determinações da moral puritana culminam no investimento de todos os recursos na ação expansiva, aquisitiva, que, sob a forma de desenvolvimento das fábricas, não é menos rápida, explosiva, que sob a forma de explosões armadas.

Mas essa violência exterior é criadora de um mundo transcendente que subordina os homens, já que, a cada momento da vida do capitalista, o equipamento tem mais importância que o consumo imediato dos recursos de que ele dispõe.

Há, portanto, alguma coisa que é mais importante que a livre disponibilidade do sujeito, que é o gasto dos recursos do sujeito em benefício do objeto.

Se agora, deixando de lado as questões colocadas pela negação do capitalismo no comunismo, retomo o conjunto dos dados que introduzi a partir do mundo capitalista (admitindo que, no fim das contas, pelo menos até aqui, o mundo revolucionário não difere dele no que diz respeito ao ponto que indiquei, já que é ainda um mundo em que o consumo tem menos importância que o desenvolvimento das forças de produção, do mesmo modo que no capitalismo clássico), se agora passo ao exame das possibilidades que são abertas por essa análise, devo introduzir a seguinte representação.

O problema do mundo budista ou do mundo cristão era que ambos deixavam o mundo profano intocado.

Isso se opõe à ação revolucionária tal como o marxismo a definiu, mas também a uma possibilidade que tentarei representar agora:

Trata-se de remediar essa espécie de infortúnio que defini pela introdução, no mundo do objeto subordinado, do objeto destruído enquanto realidade de que o homem podia participar. Trata-se, no movimento da religião, inicialmente, de suprimir esse obstáculo entre o mundo e nós que é criado, no fim das contas, pelo trabalho. Aquele que é levado a fazer uma experiência como a da mística não pode considerar como indiferente que o mundo dos objetos permaneça o que ele é.

Ele percebe cada objeto como uma posição que deve ser reduzida, vale dizer, que o objeto, para aquele que percebeu essa perspectiva, é sempre o que deve ser consumido.

Está aí, talvez, uma oposição mais radical ao capitalismo – a despeito, talvez, do fato de que se pode atribuir a ela menos importância – do que a posição marxista.

O que importa no mundo presente não é tanto criar a possibilidade de uma experiência mística, ou abrir novas possibilidades religiosas – talvez não existam –, mas se trata de estender a ação religiosa ao mundo profano.

O mundo profano deve ser, por sua vez, destruído como tal, vale dizer que tudo o que, no interior do mundo capitalista, é dado como uma coisa que transcende o homem e o domina deve ser reduzido ao estado de coisa imanente por uma subordinação ao consumo pelo homem.

Isso se opõe a toda e qualquer atitude ascética do tipo daquelas que são dadas tanto no budismo quanto no cristianismo, a todas as restrições da moral budista e cristã que são fundadas na transcendência. É necessário em determinado ponto postular o consumo do objeto produzido fora de toda utilidade como o fim último, porque o fim último do homem é destruir o que ele fez.

Ele existe naquilo que fez, vale dizer, na posição de seus produtos, mas essa posição só pode ser consumada pela destruição dos produtos.

É na medida em que o mundo, tal como ele é atualmente sob sua forma industrial, for reduzido não por uma destruição das fábricas mas por uma consciência dos espíritos do sentido das fábricas, que é sempre um sentido subordinado; é na medida em que esse mundo for destruído que o homem poderá voltar à sua fonte primitiva, que o homem poderá voltar ao momento em que ele não estava mais separado do resto do mundo, participar do universo. Ele voltará então ao momento em que estava confundido no universo, em que não se distinguia nem dos astros nem do sol.

Aplausos.

M. Eliade: Pergunto-me se o mundo arcaico tinha a mesma posição, se tentava também abolir o mundo periodicamente, a cada ano, para refazê-lo.

A cerimônia mais importante de todas as sociedades arcaicas e até das sociedades mesopotâmicas mais evoluídas do ponto de vista religioso repetia a destruição e a criação do mundo a cada ano.

Nessa repetição da destruição da cosmogonia se manifestava o desejo de abolir o mundo profano e de recriá-lo numa pureza primordial.

Dá pra ver essa necessidade do homem arcaico e do homem culto de viver num mundo puro, sagrado, já que a cada ano ele repetia a cosmogonia e, antes dela, o caos.

Você falou da orgia. O sentido da orgia é abolir a criação, mas seu sentido profundo é abolir para purificar, sacralizar.

Desde as sociedades mais primitivas, vê-se esse movimento, essa reconstrução periódica de um mundo sagrado. Talvez seja apenas de dois mil anos pra cá que os grandes místicos tentaram não só a salvação pessoal deles, mas a salvação cósmica.

O último "nirvana" quer realizar uma salvação cósmica e salvar o cosmos.

Os maiores místicos sempre tinham essa meta de salvar o mundo inteiro, a tendência de abolir o mundo para recriá-lo. Essa tendência para o puro é universal em minha opinião.

Houve um corte com o cristianismo, mas o ponto de vista cristão é um ponto de vista provincial na história das religiões. Isso nos diz respeito, mas o movimento das outras religiões é muito mais importante e profundo que o nosso.

G. Bataille: Acho que isso está muito próximo do sentido do que expus.

Há essa reserva de que você vê o mundo budista como algo que destrói o mundo inteiro, mas me parece que, apesar de suas intenções, o mundo budista deixa o mundo das coisas intacto e não intervém no mundo da economia.

M. Eliade: Mas, do ponto de vista metafísico, o fato de existir já é uma queda.

Contra essa existência, ele quer refazer uma unidade primordial, o que encontramos em todas as cerimônias primitivas.

Destrói-se o mundo a cada ano, repete-se o dilúvio, tudo é engolido, nada resta além do Ser puro, e se refaz o mundo.

A cosmogonia é um ato sagrado, e as coisas refeitas anualmente são coisas sagradas, mas depois de um ano estão dessacralizadas.

É uma intervenção no mundo profano, mas se intervém no mundo inteiro.

G. Bataille: Isso talvez coloque em evidência a intenção essencial que tive de reduzir o conjunto dos conhecimentos sobre o mundo religioso, sobre as diferentes religiões, a uma espécie de unidade. É o sentido profundo da exposição que tentei fazer nessas duas conferências.

Um auditor: Como, nas condições que conhecemos, poderíamos efetuar essa destruição do objeto, de uma maneira prática?

G. Bataille: É uma questão naturalmente muito ampla. Ela é dada na história atual por possibilidades relativamente numerosas, mas a possibilidade essencial é a de um consumo dos objetos que supere cada vez mais a utilidade.

O que quis dizer agora há pouco e que não exprimi de uma maneira suficientemente precisa é que se tratava de consumir para destruir os objetos, os produtos, e não para produzir outros.

Quando você come para trabalhar, você não destrói um produto, você o insere numa cadeia de operações produtivas, ao passo que quando, por exemplo, você bebe simplesmente um copo de vinho sem ter um trabalho a fazer para o qual o consumo do vinho lhe servirá, você destrói pura e simplesmente o vinho.

Ora, fica cada vez mais evidente, por razões de economia geral, que o processo da economia está profundamente engajado nessa via, que é necessário que, no final, a economia se situe como a absorção indefinida da energia sem finalidade, sem resultado.

Escolho esse exemplo para deixar clara a antinomia profunda entre minha posição e a do budismo e do cristianismo.

Tudo o que existe deve ser, a meu ver, consumido.

Um auditor: Puramente no plano individual, não no plano geral?

G. Bataille: No plano geral, isso pode ser também bastante complicado; isso começa a ser feito de uma maneira um pouco abusiva no sentido de que os consumos dessa ordem se multiplicam no mundo em que vivemos sob a forma de guerras.

Pode ser, aliás – e por que não? –, que a feição que os acontecimentos estão tomando corresponda ao esquema que tracei.

Afinal, por que isso não terminaria de uma maneira catastrófica, relacionada com as representações que, de acordo com o que dizia o senhor Eliade, parecem ter sido uma espécie de representação obsedante da humanidade?

Um auditor: Aprecio muito esse esforço que você solicita, de voltar a uma participação do universo, mas me pergunto se a solução que você propõe seria, justamente, uma participação em concordância com a própria evolução do universo?

Por que voltar atrás e reencontrar o estado de espírito dos primitivos?

A evolução se deu, e o universo, evoluindo, levou justamente a consciência do homem ao estado em que a encontramos hoje.

Partindo das sociedades animais, vemos uma contínua emergência da consciência humana.

A evolução do universo leva a conceber que é a consciência humana que a assume e deve assumir sua responsabilidade e guiá-la rumo a certa meta que é a de favorecer ainda mais essa evolução de uma consciência que pode atingir, talvez, um grau superior.

Como, querendo reencontrar cada vez mais a participação do universo, você nega, em suma, o próprio movimento da evolução geral que, de algum modo, você descobre?

GEORGES BATAILLE TEORIA DA RELIGIÃO

G. Bataille: Parece-me que você me ajuda assim a esclarecer minha posição.

Está claro, de fato, desde o início, que o homem que poderia chegar ao estágio que tentei descrever não pode ser exatamente o mesmo que o homem primitivo. Ele se desenvolveu através de todos os tipos de avatares e, sobretudo, o que se desenvolveu foi, numa palavra, a consciência.

Isso pode ser discutível, mas, de minha parte, o que quero representar é um homem que, a partir do ponto em que se torna consciente o suficiente para não mais querer escapar das exigências dadas em sua composição primitiva, percebe o conjunto das possibilidades que lhe pertencem e o conjunto dos limites que lhe são dados.

Nesse momento, ele é, pelo contrário, liberado, e se encontra, precisamente, muito mais longe do que você pensa. Essa consciência se manifesta através da descoberta de certos fatos que deixam clara a inviabilidade do homem que não tem consciência deles.

Enquanto não tivermos tomado consciência dessa necessidade de destruir o que fazemos, estaremos condenados a desenvolver indefinidamente a indústria, sem que por isso cheguemos à possibilidade de consumir o que produzimos.

O mundo já entrou, há muito tempo, numa via que aparece como um impasse, um beco sem saída. Obviamente, representam-se paliativos que ajudam a pensar que conseguiremos sair dessa, mas, no fim das contas, o mundo está longe de ter adotado determinações decisivas para conseguir sobreviver nas condições atuais.

Certamente, é do maior interesse que a consciência represente cada vez mais essas necessidades que expus para que o mundo da produção indefinidamente intensificada se torne um mundo do consumo indefinidamente intensificado.

Esses dados devem ser esclarecidos no plano da economia política.

Isso não significa de modo algum que se deva abandonar o crescimento da economia, isso significa que se deve dar prioridade ao crescimento do consumo.

Nas condições atuais, o mundo não é viável se não chegar a reencontrar aquilo que os primitivos possuíam: a possibilidade do dom, da dádiva.

Não creio que esteja me afundando numa regressão, e sim dando respostas aos problemas mais atuais e mais urgentes.

Um auditor: Creio que, de modo geral, estou de acordo em todos os termos essenciais, mas há um ponto sobre o qual gostaria de formular algumas reservas, aquele de uma transformação.

O senhor Bataille distinguiu o fato de beber um copo de vinho do fato de comer.

Vou tentar esclarecer isso: concordo que o problema central atual é o de voltar à unidade com o cosmos e que a evolução histórica da economia aumentou as possibilidades do homem, mas, por isso mesmo, também criou a subordinação do homem ao objeto, praticamente acabou com o sentido da vida. Você nos diz: "consumo sem utilidade", mas como distinguir o fato de beber vinho, que eventualmente também pode reforçar o organismo, do fato de comer carne de boi ou de faisão? É um problema de consciência.

É sempre alguma coisa que reforça o organismo.

G. Bataille: Estou inteiramente de acordo com você e com sua reserva, mas não se pode ao mesmo tempo expor uma posição e as reservas que ela acarreta.

Devo, mesmo assim, fazer uma reserva à sua reserva.

Não creio que se possa reduzir a diferença entre o consumo improdutivo e o consumo produtivo à subjetividade.

É muito difícil porque, continuamente, consumos improdutivos se ligam a consumos produtivos.

Se um industrial quer obter, na América do Norte, certa produção, é preciso que ele dê aos operários certo salário que comporte uma margem considerável de consumo improdutivo. Esse consumo serve para a produção, embora seja fundamentalmente improdutivo.

Mas você tem razão de insistir no caráter subjetivo da diferença entre esses consumos. Entretanto, não avançamos assim no plano onde me situei, já que não chegamos à diferença subjetiva.

Senhor Presidente: Só me resta agradecer ao meu Amigo Georges Bataille.

Aplausos.

Este livro foi composto com tipografia Bembo Std e impresso
em papel Off-White 70 g/m^2 na Formato Artes Gráficas.